보리수총서 17

불전설화와 유아교육

대원 지음

불광출판부

불전설화와 유아교육

대부분의 불전설화는
불교교리의 이해를 돕고자 설해진 것으로
이 가운데 특히 본생설화인 자타카는
이야기 밑바탕에 동심을 깔고
선을 향해 나아가는 고정된 관념을 타파,
그 전개와 방편에 환상, 변환, 예측, 갈등 등으로
인간이 나아가야 할 길을 제시하고 있는데,
그 본질적인 성격으로 볼 때
동화로서의 특성을 분명히 갖추고 있다.

머릿글

좋은 책과 접한다는 것은 훌륭한 스승이나 가까운 벗을 만나는 것만큼 우리 인생을 풍요롭게 해 준다. 그러나 날이 새면 수많은 책들이 쏟아져 나오는 정보의 홍수 속에서 살면서 늘 무언가를 찾아보지만, 진실로 내 삶의 지표를 바로 잡아 줄 수 있는 좋은 이야깃거리를 만나기란 그리 쉽지가 않다. 사람들은 묻는다. 올바른 정신적 가치를 확립할 수 있으면서도, 심오한 진리와 철학을 내재(內在)하여 빈곤한 우리 삶에 활력을 줄 수 있는 문학 작품은 없는가? 나는 독자들에게 서슴지 않고 불교 경전을 권하고 싶다.

사실 불교 경전 중에는 문학성과 교육성이 풍부한 이야기들이 많다. 그러나 쉽고 평이한 언어로 대중들에게 다가가지 못했던 까닭에 이것의 가치를 잘 알고 있는 사람 또한 많지 않음이 종래 아쉬웠던 터였다. 그 즈음 불전 설화 중 본생 설화인 자타카(Jātaka)가 어린이들이 읽을 수 있는 동화로서의 가능성을 충분히 가지고 있다는 판단 아래 자타카의 유아교육적 가치를 탐색해 보는 박사 학위논문을 쓴 것을 계기로, 보다 많은 사람들에게 이것을 소개하고자 본 책을 집필하게 되었다.

이 책은 한 마디로 부처님의 전생담을 담은 불전 설화인 자타카가 성장기의 어린이들에게 줄 수 있는 동화로서의 영향력을 심도 있게 탐색해 본 것이다. 실상 자타카의 유아교육적 가치는

오래 전부터 관심의 대상이 되어 왔으며, 문헌에도 세계 최초의 동화집으로 수록된 바 있다. 때문에 우리들이 흔히 알고 있는 전래 동화 '토끼와 거북', '옹고집전' 또는 이솝우화 속의 '이리와 학', '여우와 닭' 등의 시원이 실은 이 자타카에서 찾아볼 수 있음도 결코 놀라운 일이 아니다. 이웃 나라 일본의 경우는 자타카의 교육적 가치를 일찍부터 발견하여 이것을 유아교육 교재로서 사용할 수 있는 가능성을 타진함과 동시에 이들을 동화로 재구성하는 작업이 활발히 진행되어 왔다. 그러나 우리 나라의 경우는 이에 관한 체계적이고 면밀한 연구가 부족했던 것이 사실이다. 그래서 이 책의 집필을 계기로 자타카를 비롯한 다른 불전 속 이야기들을 재화(再話)하려는 또 다른 구상을 가지고 있다.

본래 자타카는 총 547편의 구전 설화로 구성되어 있지만, 이 책에서는 현장에서 일하는 유치원 교사들과 아동학 전문가들, 교수들과의 충분한 협의를 거쳐 유아들이 읽기에 적합하다고 생각되는 65편만을 발췌하여 분석하였다. 또한 이 책의 내용은 크게 다섯 부분으로 나누어진다. 먼저 제1장에서는 불전 설화인 자타카를 보다 심도 있게 연구해 보아야 하는 나름대로의 견해와 함께 불전 설화의 종류 및 기원과 그것이 가진 고유한 특성에 대해 살펴보았다. 제2장에서는 유아기 발달에 동화가 줄 수 있는 긍정적 측면을 타진해 보고, 불전 설화가 가진 유아교육적 특

성들을 살펴보았다. 또 제3장에서는 불전 설화가 어린이들에게 줄 수 있는 교육적 측면을 주제와 인물, 사건별로 분석해 보고, 그 내용을 하나 하나 살펴봄과 동시에 각 주제별로 특징적인 자타카의 내용을 재화하여 실었다. 제4장에서는 불전 설화가 어린이들에게 줄 수 있는 교육적 영향력에 대해 고찰해 보았으며, 마지막으로 제5장부에서는 미래를 위해 본 저자가 몇 마디를 제언해 보았다.

　오랜 동안의 작업을 마치면서, 무엇보다 이 책이 여러 사람들에게 도움이 되기를 바란다. 특히 현장에서 일하는 교사들과 자녀들에게 좀 더 좋은 책을 권하고 싶은 부모들에게 도움이 된다면 더 바랄 나위가 없다. 그리고 나의 이 작업을 계기로 자타카가 적합한 교육적 효과를 지닌 동화로서 널리 보급되기를 서원하며, 이것은 조만간에 실행되리라 믿는다.

　끝으로 본 책의 출판에 힘써 주신 불광출판부 관계자 외 도움을 주신 여러 분들에게 감사드린다.

1996년
칠보사에서 대원 합장

불전설화와 유아교육

머릿글

제1장 불전설화의 학문적 배경

1. 불전설화 연구 및 재화작업의 필요성 ——— 11

2. 불전설화의 종류 ——————————— 15
    1)불교문학과 불전설화의 개념   15
    2)비유설화   16
    3)인연설화   18
    4)본생설화   21

3. 불전설화의 기원 ——————————— 23
    1)인도 불교의 역사와 불전설화   23
    2)불교사상과 불전설화   26

4. 불전설화의 특성 — 28
　1) 불전설화의 구성 형식　28
　2) 불전설화의 구비적 특성　29
　3) 불전설화의 내용적 특성　30

제2장 불전설화와 동화

1. 유아의 발달과 동화 — 39
　1) 동화의 개념 및 특성　39
　2) 유아의 발달 특성과 동화　40

2. 불전설화의 동화적 특성 — 45
　1) 불전설화와 동화의 시원적(始原的) 상관적　45
　2) 불전설화와 동화의 본질적 상관성　50

3. 불전설화와 유아교육 — 52

불전설화와 유아교육

제3장 불전설화의 내용

1. 불전설화의 내용 분석 방법 —————————— 59
   1) 분석 대상 불전설화의 선정방법   59
   2) 불전설화의 분석 범주 선정   62

2. 불전설화의 내용 ——————————————— 68
   1) 불전설화의 주제   68
      (1) 도덕 윤리성 주제   70
      (2) 지혜 및 인내주제   99
      (3) 초월적 신비의 주제   120

   2) 불전설화 속의 인물 유형   142
      (1) 인간   142
      (2) 의인화된 동물   147
      (3) 초월적인 신비의 존재   149

   3) 불전설화 속의 사건   155

제4장 불전설화와 유아교육

1. 불전설화의 유아교육적 의의 ——————————— 167

2. 문학적인 체험으로서 불전설화 ——————————— 169
   1) 상상력 발달　　　　　　　　　　　　　　　　　171
   2) 지혜 및 인내 자제력 발달　　　　　　　　　　　172

3. 불전설화와 유아 도덕성 ——————————————— 175
   1) 도덕성의 기본개념　　　　　　　　　　　　　　177
   2) 유아의 도덕성 발달 특성　　　　　　　　　　　181
   3) 유아의 도덕성 발달과 불전설화의 역할　　　　185
   4) 콜버그 이론에 기초한 불전설화의 분석　　　　190

제5장 미래를 위한 제언

참고문헌　　　　　　　　　　　　　　　　　　　　　　207

제1장 불전설화의 학문적 배경

1. 불전설화 연구 및 재화작업의 필요성
2. 불전설화의 종류
3. 불전설화의 기원
4. 불전설화의 특성

1. 불전설화 연구 및 재화작업의 필요성

　문학은 과학이 만능으로 작용하고 그 속에서 인간들이 끊임없이 방황하고 있는 '불확실성의 시대'에 보다 확고한 삶의 지표를 찾을 수 있도록 도와주는 긍정적인 역할을 수행한다. 특히 이러한 정체감을 찾는 과정은 무엇보다 생의 초기부터 시작된다는 점을 고려할 때, 동화와 동시를 비롯하여 유아기에 어떤 문학 작품을 접하는가의 여부가 그 사람의 일생을 좌우한다고 해도 과언이 아닐 것이다.
　흔히 인간을 조건지어서 말할 때 '호모 나란(Homo Narran)'이라는 말을 쓴다. 이것은 호모 로쿼스(Homo Loquax), 곧 말하는 인간보다 한 수 위인 '이야기 풀이하는 인간'이라야 참다운 인간임을 비유하는 말이다. 전 인생을 거쳐 끊임없는 사건의 연속 속에서 이 호모 나란이 처음으로 읽게 되거나 듣게 되는 가장 본격적인 이야기가 바로 동화이다. 따라서 동화를 '원초적 이야기' 또는 '첫 이야기'라고 한다. 동화는 이렇게 싹트는 성장기의 서사(敍事)로서, 정신적·정서적인 발달 과정에 있는 어린이들에게 독자성을 갖춘 내용을 제공함으로써 그들을 사실적이고 환상적인 세계로 인도해 준다.
　한편 유아기는 상징(symbol)에 의한 사고 과정이 매우 빠르게 발달하는 시기이다. 따라서 유아들은 주위의 세계를 받아들이고 그것을 소화하는데 언어의 영향을 가장 많이 받으며, 책에 나오는 이야기를 듣고 그것에 대하여 이야기하면서 대리 경험의 세계로 들어가게 된다. 또한 유아기는 자기 주위의 세계를 탐색하면서 언어를 획득하고 끊임없이 자신을 다양한 모습으로 표현하고자 하는 창의적 활동의 욕구와 호기심이 많은 시기이기 때문에 동화를 통한 교육이 더욱 효과적이다. 이것은 동화의 형식과 내용이 결국 유아의 호기심을 자극하고, 이 호기심이 본질적인 동기가 되어 유아의 자발적인 학습을 이끌어 낼 수 있기 때문일 것이다.

그러나 유아들의 문학적 체험 과정이 너무 추상적이거나 학문적인 면만을 강조한다면 결과적으로는 유아들의 발달 특성에 부합될 수 없다고 본다. 유아를 독자로 하는 문학작품은 상상력으로 창작되는 요소가 클수록 순수한 문학에 가까우며 걸작에 구비된 질을 풍부하게 지니고 있는 것이다.

즉 유아들은 현상학적인 인과관계, 물활론(animism), 목적론과 같은 독특한 사고 틀을 가지고 있기 때문에 동화가 지닌 환상성(fantasy)이 더욱 효과적으로 작용할 수 있다. 따라서 동화에 나오는 등장 인물에 유아들은 쉽게 빠져들며 그들을 동일시하게 되고, 이를 통해서 다양한 체험을 대리적으로 하는 과정에서 역할 인식 능력, 도덕적 판단, 이타성 등의 사회 인지 발달과 정서 발달이 이루어지게 된다.

이렇듯 동화는 유아교육에 있어서 매우 중요한 교육매체이다. 따라서 유아들의 발달 단계에 적합한 동화를 개발하여 유아교육 현장이나 각 가정에 공급하는 것이 무엇보다도 절실하다고 생각한다.

최근 들어 많은 동화집이 출판되면서 유아문학계가 양적으로는 팽창하고 있으나, 이들 내용에 관한 정확한 평가가 수반되고 있지 못하기 때문에 동화의 질적 문제에 대한 우려를 표명하는 전문가들이 많아지고 있다. 특히 널리 국민적 공감을 얻을 수 있는 한국적 동화의 결정판 내지는 권위판이 부족한 것도 하나의 문제로 지적되고 있다.

가장 한국적인 동화를 생각하자면, 전통적으로 한국 문화 및 한국인의 정서를 이끌어 온 불교사상을 언급하지 않을 수 없다.

불교사상은 한국인들의 일상적인 생활과 정서 속에 잔잔히 녹아 있으며, 그 한 예로 삼국유사를 비롯하여 예로부터 전해 내려오는 판소리, 전래설화, 전래동화 중 상당수가 불교적 색채를 띠고 있다. 그것은 불교 경전의 내용이 매우 다양하고 방대하며, 경전 속의 설화들은 오랜 세월 불교의 전파와 함께 구비 전승되면서 우리 민족과 애환을 함께 하였기 때문이다.

한편 불전설화 중 특히 본생설화(本生說話)인 자타카(Jātaka)는 흥미성과 환상성을 비롯하여 많은 부분이 동화로서의 특성을 확실히 갖추고 있으며, 동화의 기원(起源)적인 측면에서 볼 때에도 유럽을 비롯한 중국과 한국 등의 전래동화의 기저를 이루고 있다.

전래동화에서 흔히 이야기하는 선덕악화(善德惡化), 즉 '남을 해치면 저도 해를 입는다'와 같은 주제는 불교의 인과응보(因果應報) 사상의 한 예가 되겠고, 자비, 자각, 인간 존중, 동물 사랑 등의 소재는 모든 살아 있는 생명을 최고의 가치로 부각시키는 불교적 윤리 사상의 소산으로서 오랫동안 여러 민족의 삶을 인도하는 거름이 되어 왔다.

때문에 일본에서는 민담을 비롯한 설화를 유아교육 교재로서 사용하는 가능성을 논의함과 동시에 이것을 동화로 만드는 재화(再話, review)작업이 꾸준히 진행되고 있으며, 특히 자타카에 대한 재화작업이 전체 불전동화 가운데 50% 이상으로 가장 큰 비중을 차지하고 있다.

그러나 우리 나라의 경우는 불교동화라고 하여 일부 출판된 작품이 있기는 하지만 아직 불교경전의 단계를 벗어나지 못하고 있어 유아들이 읽기에는 미흡하며, 대부분 한국의 주체적인 재화 작업을 통하여 나온 것이 아니기 때문에 우리 나라의 교육 현실에 그대로 적용시키는 데에는 많은 문제점을 갖고 있다고 본다. 결국 자타카를 유아교육 교재로서 활용하기 위해서는 먼저 자타카의 정서적 기반을 한국화해야 하며, 자타카의 내용 및 구성에 관한 심층적인 연구가 선행된 이후에 이것을 재화하는 작업이 이루어져야 할 것이다.

이러한 필요성에 따라 이 책에서는 본생설화인 자타카를 유아교육에 활용할 수 있는 여러 가지 근거를 탐색해 보고, 자타카에 포함된 유아교육적 내용을 분석해 보았으며, 이를 통해 유아의 인성발달 측면에서 자타카가 갖는 교육적 의의를 찾아보고자 하였다. 따라서 이 책은 전통동화의 '한국적 결정판'을 마련하고자 하는 작은 노력의 시발점이 될 것이며, 더불어 적합한 교재가 빈약한 불교 유아교육계에 좋은 참고자료로 활용될 수 있을 것이다.

한편 이 책의 내용 분석을 위해서는 예화(例話)가 총 547편에 달하는 Fausböll Ⅱ의 『The Jātaka together with its commentary』 팔리어본을 주로 사용하였으며, 더불어 Cowell의 『The Jātaka』 영어판, 남전대장경 중 『본생경(本生經)』 일본어판, 한글대장경 중 『본생경』, 고려대장경 「본연부(本緣部)」 등 자타카와 관련된 한역(漢譯) 경전을 보조자료로 삼았음을 밝혀둔다.

2. 불전설화의 종류

1) 불교문학과 불전설화의 개념

문학을 지어낸 것(fiction) 또는 상상적인 글이라고 하지만, 사실과 허구라는 관점이 문학적 개념 규정의 기준이 되지는 않는다. 문학에는 시, 소설, 희곡과 같은 창작활동 이외에도 넓은 의미에서 문서 형식의 저작, 좁은 의미에서 언어예술로서의 미적 가치를 지닌 문학적 저작 모두가 포함되며, 여기에는 구두(口頭)의 표현도 포함된다.

종교문학의 하나인 불교문학은 '불교라는 종교적 가치와 문학이라는 예술적 가치를 섞어 어우른 것'으로, 크게 경전 속의 불교설화를 체계있게 재화한 불전문학과 불교의 교리를 바탕으로 창작된 불교문학으로 나눌 수 있다.

그러나 소야현묘(小野玄妙)는 「불교문학개론」이라는 저서에서 각종 불교경전을 설화에 관한 것, 기전(紀傳)에 관한 것, 신화(神話)에 관한 것으로 나누고, 구체적으로는 본생경(本生經)문학, 비유경(譬喩經)문학, 인연경(因緣經)문학, 기전문학, 율장(律藏)문학, 아함경(阿含經)문학, 세기경(世記經)문학, 방광경(方廣經)문학, 논장(論藏)문학, 비밀의궤(秘密儀軌)문학으로 분류하였으며, 어떤 문학상의 기교를 막론하고 그것이 불교사상을 내포하고 있다면 모두 불교문학으로 분류할 수 있다고 보았다.

한편 설화는 구전이나 문자를 통해서 여러 세대 동안 전해 내려오는 이야기로서, 형식상으로는 구전설화와 문헌설화, 내용상으로는 영웅설화와 기원(起源)설화, 신화, 동물담 등이 포함된다.

그러므로 불전설화라고 하면 불교의 교리를 바탕으로 하고 설화의 범주에 들어 가는 불교경문이나 저작을 뜻한다고 볼 수 있으며, 이것은 크게 비유설화(譬喩說話)와 인연설화(因緣說話) 그리고 본생설화(本生說話)로 분류할 수 있다.

2) 비유설화

비유설화에서 '비유'는 범어(梵語) '아바다나(Avadana)'의 역명이다. 불타(佛陀)는 깨달음을 구하던 50년 동안 방대한 교리를 다양한 신분계층을 가진 사람들에게 전파하였는데, 이러한 과정에서 사람들을 교화(敎化)하기 위해 어렵고 생소한 불교적 관념의 세계를 쉽게 구상화하여 사실이 아닌 것을 사실에 비유해서 표현하는 설법을 사용하였다.

비유설화로 이용된 것은 옛날의 설화, 당시 유행하던 민요, 기물(器物), 동물과 식물 등이었는데, 이것은 모두 설화 체계를 유지하면서 불교적 의미를 강조한 것들이다. 또 순수한 본래의 설화가 갖는 의미에 충실하면서 불교적 관점을 강조한 결과, 우화적 성격을 띠게 된 것도 있다.

예컨대, 불난 집 속에서 놀고 있던 아이들은 불의 성질을 모르기 때문에 빨리 집에서 나오지 않을 것이므로 밖에 아이들이 좋아하는 장난감을 놓아두어야 좋아하며 집밖으로 나올 것이라는 비유가 다 이러한 종류에 속하는 것이다.

이러한 비유설화는 의유경(醫喩經), 전유경(箭喩經), 백유경(百喩經), 법구비유경(法句譬喩經), 군우유경(群牛喩經), 비유경(譬喩經), 잡비유경(雜喩經經), 사아함경(四阿含經), 법화경(法華經) 등의 경전에 포함되어 있는데, 백유경의 '부부식병요(夫婦食餠要)'라는 설화는 허욕과 명예만을 고집하는 것이 얼마나 어리석은 일이며, 눈에 보이는 작은 이익만을 추구하려다 결국에는 커다란 것을 잃고 만다는 교훈을 해학적으로 표현하고 있다.

어떤 부부가 살고 있었는데, 이들은 둘 다 고집이 세고 욕심이 많아서 부부 사이라 해도 조금도 양보함이 없이 자기의 이익만을 생각하였다.
어느 날 이들 부부에게 떡 세 개가 생겼다. 일단 한 개씩을 사이좋게 먹었으나 남은 떡이 한 개이고 보니 서로 먹겠다고 싸우게 되었다.
생각 끝에 이들은 어떤 일이 있어도 끝까지 말을 하지 않는 사람이 남은 떡을 먹기로 정하였다. 결국 이들은 떡 한 개를 놓고 하루종일 서로 말을 하지 않고 지내게 되었다.
그러다가 밤이 되자 집에 도둑이 들었다. 도둑은 살며시 방안으로 들어와 마구 물건을 훔치기 시작했다. 그런데 이상하게도 방안에는 두 부부가 떡 하나를 가운데에 놓고 앉아 있었고, 도둑인 자신을 보고서도 아무 말을 하지 않는 것이었다.
이상하게 여긴 도둑은 그들의 눈앞에서 값비싼 물건을 자루에 집어넣어 보았으나 역시 마찬가지로 아무 기척이 없었다. 도둑은 갑자기 용기가 생겼다. 눈앞에 앉아 있는 부부가 움직이지도 못하고 말도 못하는 사람들이라고 생각한 도둑은 마침내 부인을 범하려 하였다.
　너무나 놀라운 일이었지만 그래도 남편은 말없이 앉아만 있었다. 결국 아내는 참지 못하고 그만 "도둑이야!" 소리치며, 남편에게 말했다. "이 바보 같은 남자야, 그래 떡 하나 때문에 자기 아내가 도둑에게 당하려고 하는데도 가만히 있을 수 있단 말이요?"
　참으로 울화가 치미는 일이었다.
　그러자 남편은 그제야 "이 떡은 이제 내 것이야" 하고 떡을 냉름 집어먹었다.

3) 인연설화

　인연설화에서 '인연' 은 범어 '니다나(nidāna)' 의 역어로, 어떤 사건이나 현상, 현실의 원인과 조건을 말한다. 또 사건이나 사물의 시작과 끝을 밝힌다는 뜻에서 연기(緣起)라고도 한다. 이러한 인연설화는 사실을 주체로 하여 거기에 약간의 윤색과 기교가 가미된 성격을 띤다.
　다음은 법구비유경 쌍요품(雙要品)에 나오는 이야기로 가까이 하는 친구와의 인연이 얼마나 소중한 것인가를 알려준다.

　영축산 너머에서 30여 대를 내려오면서 농사와 목축을 생업으로 살아가는 70명의 바라문이 있었다. 그들은 부처님의 설법을 듣자 수염과 머리를 깎고 부처님의 제자가 되었다.
　그러나 출가는 했지만 처자를 사모하는 정을 버리지 못해 그 뒤 영축산을 지날 때마다 뒤돌아보곤 했었다. 어느 날 부처님을 따라 절로 돌아오면서 그들의 마음은 한결같이 세속을 못 잊어 했다.
　더구나 비가 내려 그들의 마음은 더욱 울적하고 답답했다.
　부처님은 그들의 심정을 아시고 길가에 있는 빈집에 들어가 그들과 함께 비를 피했다. 성글게 이엉을 이은 지붕이라 비가 새었다. 부처님은 이걸 보시고 게송을 읊으셨다.

　　지붕의 이엉을 성글게 이어
　　비가 오면 곧 새는 것처럼
　　뜻을 굳게 단속하지 않으면
　　음란한 욕심이 마음을 뚫는다.

　　지붕의 이엉을 촘촘히 이으면
　　비가 와도 새지 않는 것처럼
　　뜻을 굳게 지니고 그대로 행하면
　　음란한 욕심이 생기지 않으리.

　70명의 비구들은 이 게송을 듣고 뜻을 굳게 지니려고 애써 보았으나 마음은 그대로 울적하기만 했다. 비가 개어 길로 나섰다. 길가에 헌 종이가 떨어져 있는 것을 보고 부처님은 한 비구에게 그 종이를 주우라고 하셨다.
　"그 종이는 무엇에 쓰던 것인가?"
　"향을 쌌던 종이인 모양입니다. 지금은 버려져 있지만 아직도 향내가 배어 있군요."
　말이 없이 길을 가는데 이번에는 새끼도막이 길가에 놓여 있었다. 부처님은 그것도 주우라고 말씀하였다.

"그것은 무엇에 썼던 새끼도막인가?"
"여기에서는 비린내가 납니다. 아마도 생선을 묶었던 것인 모양입니다."
그러자 부처님은 다음과 같이 말씀하셨다.
"어떤 사람이든지 본래는 깨끗하지만 그 인연에 따라 죄와 복을 일으킨다. 어진 이를 가까이하면 뜻이 높아지고, 어리석은 자를 벗하면 재앙이 닥친다. 그것은 마치 종이가 향을 가까이 했기 때문에 향내가 나고, 생선을 가까이했기 때문에 비린내가 나는 것처럼, 무엇인가에 점점 물들어 가면서도 사람들은 그것을 깨닫지 못한다."
부처님은 다시 게송으로 말씀하였다.

악한 사람에게 물드는 것은
냄새나는 물건을 가까이하듯
조금씩 조금씩 허물을 익히다가
자신도 모르게 악한 사람이 된다
어진 사람에게 물드는 것은
향기를 쏘이며 가까이하듯
지혜를 일깨우며 선을 쌓아
자신도 모르게 선한 사람이 된다.

그가 사귄 친구를 보면 곧 그 사람을 알 수 있다는 말은, 친구란 내 부름의 응답이기 때문이다. 이 이야기에 등장하는 70인의 수행자들이 두고 온 가정에 대해 못잊어 하는 것은 그만큼 오랜 세월을 두고 길을 들여왔기 때문이다.
그러나 출가(出家)란 그런 집착에서 벗어남을 뜻한다. 세속에 연연하지 않음을 이름하여 출가라 하기 때문이다. 때문에 끊임없는 정진(精進)이 있어야 한다. '게으르지 말고 꾸준히 정진하라.' 이것이 불타 최후의 유훈(遺訓)이다.

4) 본생설화

　불전설화 중 본생설화는 불타의 본생 즉 전생(前生)에 관한 이야기를 총칭하는 것이다. 본생설화가 어떠한 배경에서 나타나게 되었는지 유추해 보자면, 다른 민족에 비해 '영원'이라는 시간 관념에 익숙한 인도인들이지만 불타의 성불(成佛) 과정에 의문을 품었을 수도 있다는 것이다.
　즉, 사람들은 불타가 아무리 극심한 고행과 위대한 숙고(熟考)를 거치는 정진을 했다고 하지만 29세에 출가하여 35세에 대정각(大正覺)을 이룰 때까지 속세의 시간으로 6년이라는 기간 안에 과연 불타라는 위대한 성취를 이룰 수 있었을까 하는 의문을 갖게 되었을 것이고, 때문에 그가 현재 세상에 태어나기 이전부터 이미 이러한 사상이 형성되어 있었다는 '윤회설'로 이것을 설명하고자 하였던 것으로 보인다.
　이러한 배경에서 불타의 설법을 중심으로 전해 내려오던 전설이나 민간에 유포되어 온 설화류가 불타의 전생으로 변화하여 본생설화가 이룩된 것이다.
　불타가 석가족(釋迦族)의 왕자로서 이 세상에 태어나기 이전, 보살로서 수많은 생애를 거듭하는 동안에 천인, 국왕, 대신(大臣), 장자(長者), 서민, 도적 등으로서 또는 코끼리, 원숭이, 토끼, 공작, 물고기 등의 동물로서 여러 생을 거치며 각종 선행(善行)을 한 이야기들을 모은 본생설화는 범어로 자타카라고 하는데, 이 단어는 동사 'jānati(태어나다)'의 과거분사 'jāta'에 접

미사 'ka'가 더해진 형태로서 명사로는 '출생'이라는 의미를 갖는다.

그러나 불교에서는 이것이 보살의 본생 이야기라는 의미로 쓰이게 되었고 나아가 이러한 이야기를 집성한 경전의 의미로 전용되었으며, 이것을 '본생담(本生譚)'이라고 한역(漢譯)하였다.

그 중 북방 아시아로 전래되어 한역된 작품들은 육도집경(六度集經), 생경(生經), 현우경(賢愚經), 잡보장경(雜寶藏經) 등의 경전으로 편찬되었으며, 남쪽인 스리랑카로 전래된 본생담은 '자타카'라는 이름을 유지하여 현재 가장 많은 종류인 547종의 본생담을 수록하고 있다.

3. 불전설화의 기원

1) 인도 불교의 역사와 불전설화

　불전설화는 대개 인도에서 시작되었다. 인도의 문학은 황하 유역, 갠지스강 유역, 메소포타미아 지역, 나일강 유역, 지중해 동부 연안에 이르는 고대 동방 지역의 문학적 흐름의 일부로서, 특히 고대 인도 문학은 기원전 2000년에서 6세기에 걸쳐 창조된 문학을 일컫는다.
　대표적인 불교설화집인 본생경(本生經)도 오랫동안 보존되어 온 인도의 문학적 영향뿐 아니라 시와 산문이 결합된 다른 동방 고대 설화의 전형적 문체의 영향을 동시에 받았다. 불전설화는 이러한 창의적인 수용 과정을 거치면서 독특한 사상성을 성취하여 시기적으로 뒤에 오는 수많은 작품들에 영향을 주었다.
　불교가 발생하기 이전인 기원전 1천년 전부터 인도에는 사제 계급들이 제사를 주도하는 바라문(婆羅門)이라는 종교가 있었다. 그러나 상공업이 발달하기 시작한 기원전 6세기경부터 종교가 다원화되고, 이러한 사회적 분위기 속에서 출가 수행을 하여 성도(成道)를 한 불타였지만, 그의 경지는 기존 바라문이나 사문들과는 달랐다.
　그는 왕족, 평민, 노예로 구분된 당시 신분 제도를 부정하였으며, 최소한 불교 교단 안에서만큼은 이들 계급이 평등하다고 주장하였다. 이러한 불타의 사상은 내부적으로는 사회의 고위층을 차지하던 바라문들의 계급적 우월성을 타파하려는 것이었고, 외부적으로는 불교를 인도 지역을 뛰어 넘는 보편적 세계 종교의 기반이 되게 하려던 상당히 합리적이고 이지적인 사고에서 유래한 주장이었다.

불타는 당시 출가 위주의 자유 사상가들과는 달리, 종래 인도 사회에 흐르고 있는 내세(來世) 관념이나 업(業)을 중심으로 한 윤회(輪廻) 관념 등을 전적으로 부정하지는 않았다. 그러나 윤회를 연쇄적이고 숙명적이라고 보는 소극적인 자세에서 벗어나 윤회를 조장하는 근원인 업에 적극적으로 대처하여 궁극적으로는 생을 전전하는 윤회의 거대한 흐름에서 벗어날 것을 주장하였다. 불타는 윤회의 흐름에서 벗어나는 방법으로서 제자들에게 팔정도(八定道)를 비롯한 여러 불교 수행법을 가르쳐 실행하도록 하였다.

따라서 자타카가 윤회 사상으로 배경 설정을 하고, 아직 불타가 되기 이전에 보살이었던 불타의 전생신(前生身)들이 적극적으로 보시 이타행(布施 利他行)에 임할 수 있었던 것은 바로 전술한 불타의 사고와 태도, 그에 따른 실천에서 연유한 바가 크다고 하겠다.

한편 불교 역사상 불타가 가르친 내용을 처음으로 모았다는 제 1차 불전 결집에서 교법은 부처님을 항상 가까이 모시던 아난(阿難)이, 율(律)은 계율(戒律)에 대한 이해가 깊었던 우바리(優婆離)가 송출(誦出)했다. 이 때 결집된 교법을 9분교 또는 12분교라고 하며, 이것이 근본 불교의 경전인 아함경으로 정리되었다. 자타카는 그 중 한 가지인데, 전술했듯이 현존하는 자타카는 그 후 오랜 기간에 걸쳐 꾸준히 그 체제가 보완되고 설화가 부가되어진 것이다.

이처럼 자타카가 불교 최초기로부터 오랜 기간 동안 지속적으로 증광(增廣)되어 형성되었다는 사실은 바로 자타카가 불교사를 관통하며 불교의 가르침을 가장 포괄적으로 보여준다는 얘기이기도 하다. 지금까지 나타난 자료 중에서 '자타카'라는 말이 최초로 등장한 문헌은 중인도에 있는 바르훗(Bharhut)의 석각문으로, 이를 통해 적어도 이 석각문이 새겨진 기원전 3세기 이전에 이미 자타카 이야기가 있었음이 증명된다.

이 석각에는 불타인 석가모니가 현재의 생에 살기 전 사슴이었던 때의 전생 이야기를 뜻하는 녹본생(鹿本生)이라든가, 코끼리였던 전생 이야기를 뜻하는 상본생(象本生) 등의 명(銘)이 도상과 함께 조각되어 있으며, 이 외에도 기원전 1세기의 산치(Sanchi) 대탑과 서기 2~3세기의 아마라바티 고적, 마투라 및 간다라 지방의 조각 등에서 자타카에 대한 많은 자료를 찾아볼 수 있다.

자타카는 위와 같은 전래 과정에서 인도 설화문학을 창출하는 원천으로도 작용하였다. 이것은 자타카의 소재나 주인공인 동물과 선인(善人)들의 이야기가 인도 우화에 나타나기 시작한 것이 대략 기원전 4세기경이며, 이 때부터 인도의 우화가 급격히 불어나고 있기 때문이다.

물론 인도의 우화는 기원전 1000년을 전후한 때에 등장하였다고 추정되는 야주르 베다(Yajur Veda)나 리그 베다(Rg Veda) 등에 담긴 풍자조의 영향도 받고 있지만, 이 시기에는 아직 우화라고 할 수 있는 것이 거의 없었다.

이와 같은 상황에서 판차탄트라(Panca-tantra)와 같은 우화집이 생겨났으며, 'Deslongchamps'를 비롯한 'Benfey' 등 이 판차탄트라를 연구한 일군의 근·현대 설화 연구자들은 유럽 설화의 기원도 인도에서 찾아볼 수 있다고 주장하였다.

예를 들어, 현재 전해 내려오는 '이솝우화' 중에서도 「아들소와 엄마소」, 「이리와 학」, 「여우와 닭」, 「이리와 새끼염소」, 「독수리와 거북이」, 「여우와 까마귀」, 「개와 그림자」, 「사자와 쥐」 「사자와 여우」, 「사자의 가죽을 입은 나귀」, 「대머리 남자와 파리」 등이 자타카의 영향을 받은 것이다. 이처럼 자타카가 천일야화(千一夜話) 등의 중동(中東)설화에 영향을 주었고, 이러한 설화들이 다시 유럽설화에 부분적으로 영향을 주었다는 사실은 비교 연구를 통하여 입증되고 있다.

2) 불교사상과 불전설화

불교를 시기적으로 구분하면 대체로 원시불교(불타 성도~불타 입멸 후 100년 경), 부파불교(불타 입멸 후 100년 경~기원전 100년 경), 대승불교(기원전 100년 경 이후) 시대로 구분한다.

이 중 대승불교는 종래 부파불교 중 혁신적 사상을 가진 사람들에 의해 창도되었다는 설과 함께, 부처님의 유골인 불사리(佛舍利)를 안치하여 모시는 불탑을 중심으로 활동하는 사람들에 의해 발원하였다는 주장이 매우 설득력 있게 제기되고 있다.

불타 입멸 시부터 출가 승려들이 중심을 이루었던 부파불교와는 달리 불탑은 재가(在家) 신자들이 관리하고 있었고, 그 후에도 전통적으로 재가 신자들에 의해 유지되었다. 그러다가 당시 아쇼카 왕이 불교에 귀의하여 수많은 불탑과 그 순례에 필요한 다양한 부대 시설을 건립한 이후로 참배자들의 수효는 급격히 증가하였는데, 바르훗의 석각문에 자타카의 내용이 새겨진 것도 이 시기에 즈음한다. 여기서 불탑에는 참배자들에게 자타카 등을 해설해 주는 사람이 거주하고 있었을 것이라는 사실도 추정할 수 있다.

　이러한 자타카에 등장하는 불타의 본생신들이 행하는 행동은 보살행(菩薩行)으로서, 대승불교를 주창하던 사람들은 자신들도 장차 불타가 될 수 있는 보살이라고 믿었다. 즉, 자타카의 내용에서와 같이 불타의 본생신이 보살행을 하여 나중에 불타가 되었듯이 자신들도 그러한 불타를 본받아 열심히 보살행을 해 나아가야 한다고 생각한 것이다.

　이러한 관점에서 볼 때, 자타카는 사상적으로 대승불교 교리의 모범을 제시하며 대승불교 사상의 시원으로서의 역할을 담당했다고 볼 수 있겠다.

　이상과 같이 자타카의 기원을 고찰하여 본 바에 의하면, 자타카는 불교 역사상 불타의 가르침을 기록한 최초의 것이기도 하거니와 동시에 후일 사상적으로는 대승불교 원류의 한 부분을 이루게 된 중요한 자료라고 생각된다. 그러므로 자타카는 단순히 문학적 가치 이외에도 불교사, 문학사적으로 매우 중요한 위치를 차지한다고 볼 수 있다.

4. 불전설화의 특성

1) 불전설화의 구성 형식

앞서 얘기한 바와 같이 자타카가 성립되기 시작한 시기는 불교 최초기이면서도 그 완성은 불교의 역사를 통하여 지속적으로 이루어진 것이므로 현존 자타카와 같이 게송(偈頌)에 산문이 결합된 형식은 아니었으며, 초기에는 게송만으로 이루어졌다. 그러나 현존하는 자타카는 상당히 복합적으로 구성되어 있으므로 그 구성 형식을 간단히 알아볼 필요가 있다.

현존하는 자타카는 전체 547화가 게송의 수를 기준으로 22편으로 나뉘어져 있으며, 내용상으로는 불타의 본생 가운데서 연등불(燃燈佛)에게서 수기(授記)를 받은 때로부터 도솔천(兜率天)에 태어나기까지의 '먼 인연 이야기'와 도솔천(兜率天)에서 현생에 태어나기까지의 '멀지않은 인연 이야기', 성도(成道)한 때로부터 급고독장자(給孤獨長者)가 기원정사(祇園精舍)를 기증하기까지의 '가까운 인연 이야기' 등 세 부분으로 나누어져 있다. 또 각각의 본생담은 다음과 같이 세 부분으로 나뉘어져 있다.

  1. 서분(현생 이야기): 서론에 해당하며, 불타가 어떤 인연에 의하여 이러한 이야기를 하게 되었나 하는 원인을 밝히는 부분.

  2. 본분(본생 이야기): 본론에 해당하며, 본생에서 벌어졌던

일을 얘기하는 부분.
  3. 후분(종결부): 결론에 해당하며, 현생 이야기의 등장 인물과 본생의 인물들을 결부시켜 그 인연 관계를 밝히는 부분.

  이와 같이 자타카는 전체 547화의 형식 체제가 통일되어 있다. 이러한 특성에 대하여 상투적이라고 평하는 경우도 있지만, 현실적으로는 체제상의 조화를 잃어버리기 쉬운 각각의 자타카를 서분, 본분, 후분이라는 형식으로 통일하여 하나의 이야기로 창출해 내고 있는 것이다.

2) 불전설화의 구비적 특성

  일반적으로 구비문학은 대대로 전해 내려오는 말로 된 문학으로, 글로 된 기록 문학과 구별된다. 대개 설화는 구비문학의 범주에 속하며, 초기 단계에서는 구전되던 설화가 어느 정도의 시기가 지나면 문자로 정착한다.
  구비전승되는 설화들은 말하는 사람(話者)과 듣는 사람(聽者)을 거치게 되며, 핵심이 되는 구조는 원형을 보존하지만 그 이외의 내용은 화자 나름대로의 수식이 가해져서 형태의 변화를 초래하기 마련이다.
  그러나 자타카의 경우는 그 양상이 다르다. 여기에 수록된 설화들은 도입 당시까지는 어떤 변화의 과정을 많이 거쳤겠지만, 일단 자타카에 흡수된 뒤로는 구전 상태로 있었음에도 불구하고 제1차 불전 결집의 예에서 보듯이 나름대로 엄밀하게 암송되어 전승되었을 가능성이 높기 때문에 다른 구비 문학의 경우와는 달리 최초의 내용이 변하지 않았을 것이라고 생각된다.

체제상으로도 원형에 해당하는 게송이 보존되고 후일 산문 부분이 부가된 것을 볼 때 다른 설화와는 그 원형의 보존성이 비교가 안될 정도로 우수하다. 이러한 점은 자타카만이 가지는 구비적 특성이라고 할 수 있을 것이다.

3) 불전설화의 내용적 특성

앞에서 살펴보았듯이 자타카는 불탑을 중심으로 참배자들에게 보다 쉽게 불타의 가르침을 전하기 위하여 수시로 민간에 전승되던 설화를 채용하여 증광되어 갔으며, 대부분 불교사상의 기조 아래에서 재조직되어 자타카화 되었다.

따라서 자타카는 민간 설화와 불교를 동시에 취하고 있는 종교설화인 것이다. 이것은 불타가 당시의 사회 사상 자체를 부정한 것이 아니라 그 사상에 대해 입장을 달리 함으로써 새로운 교리 체계를 수립해 나갔으며, 여기서 바로 불교적인 해석이 가미된 것이다.

그러므로 기존의 설화들은 자타카에 정착하는 과정에서 자연스럽게 불교의 교리 체계를 담게 되었고, 상황에 따라 주제는 달리 하더라도, 불교의 진리 체계를 중심으로 사건들이 진행되게 되었다.

자타카 내용상의 전반적 성격은 한 마디로 삼세 윤회(三世 輪廻)라는 불교의 세계관을 중심으로 펼쳐지는 연기론적(緣起論的) 인과 관계, 무아(無我) 사상, 보살(菩薩)의 서원(誓願)이라고 할 수 있으며, 이와 같은 세계관은 사실 불교 교리의 근간이 되는 것들이기도 하다. 바로 이러한 종교적인 성격들이 설화라는 형식을 빌어 때로는 우화적으로, 때로는 상상적 요소로 설해지며 설화적 흥미성에 이끌려 교리에 쉽게 접근되도록 하고 있는 것이다.

(1) 연기론적인 인과 관계

자타카는 설화라는 형식을 통하여 연기론적인 인과 관계를 보여주고 있다. '연기(緣起)' 란 '연하여 일어난다' 는 뜻이고 '연한다' 는 말은 인연(因緣)한다는 것으로, 인은 주로 직접적 원인, 연은 간접적 원인을 말한다. 이것은 "무조건적으로 그리고 절대적으로 존재하는 것은 아무 것도 없다"라는 말로 달리 표현될 수 있다. 즉, 모든 것은 그와 다른 어떤 것에 의존한다는 것이며, 모든 것은 다른 것에 의존하여 기인한다는 것이다.

불타는 사람들에게 이러한 연기설을 상주론(常住論)과 단멸론(斷滅論)이라는 두 가지 독단적인 극단을 피하는 중도(中道)로써 권장했다. 즉, 당시까지 주류를 이루던 '나의 본질인 아트만(Atman)은 항상 존재한다' 든지 반대로 '인간은 죽으면 그만이지 그러한 본질은 없다' 든지 하는 상반되는 사상에 대한 중도가 바로 연기인 것이다. 여러 존재가 인과 연에 의해 이루어지면, 그 인연에 의한 결과가 당연히 있어야 하므로 연기의 논리는 인과 관계와 연결된다.

예컨대 삶과 죽음은 단절적이 아닌 하나의 흐름으로서 죽음은 생명 현상의 종결이 아닌 새로운 삶의 시작일 뿐인 것이다. 그렇다면 이 삶과 삶을 이어주는 존재가 내가 아니라면 어떻게 삶에서 죽음을 거쳐 또 다른 삶으로 갈 수 있을까 하는 의문이 생긴다. 바로 이와 같은 의문을 해소하는 논리가 바로 '업(業)에 의한 윤회' 이다.

여기서 '업'은 범어 '카르마(karma)'의 번역어로 대체로 '짓는다'라는 의미가 포함되어 있는데, 중생은 이 업에 의해서 전생(본생)에서 현생으로, 그리고 현생에서 내생으로 천인, 아귀(餓鬼), 축생(畜生), 지옥(地獄) 등의 오취(五趣) 혹은 오도(五道), 또는 육도(六道)를 전전하는 윤회를 하게 되며, 이러한 윤회 전생은 끊임없이 회전하는 도르레의 바퀴에 비유되기도 한다.

불교에서는 자연계 조차도 유정(有情)들의 업에 의해서 성립한다는 이론을 발달시켰는데, 이러한 사상을 업감(業感) 연기설이라고 부른다. 이렇게 업에 의한 윤회와 자연계 창조 등의 이론은 그 저변에는 연기의 논리를 기반으로 하고 있으며, 따라서 윤회라는 변화의 사상은 이러한 연기의 사상으로 부터 논리적으로 도출된 것이다.

또 12가지 인과의 사슬로 인간의 윤회의 모습을 상세히 설파하고 있는 12연기의 교설은 연결의 고리로 전생과 현생으로부터의 업력을 포함하고 있다. 불타는 이러한 연기의 고리를 깨달음의 밤 동안에 발견하였다고 설하였다.

"제자들이여, 의존하여 일어나는 것에 무엇이 포함되어 있는가?
무지가 포함되며, 그것은 의지적인 행동을 일으키는 요인이다.
의지적 행동은 의식이 조직됨으로써 일어나는 요인이다.
의식은 명(名)과 색(色)의 조건이 되며,
이러한 명과 색은 감각의 조건이며,
감각은 접촉의 조건이고,
접촉은 느낌의 조건이며,

느낌은 갈망의 조건이 되고,
갈망은 매달림의 조건이 된다.
매달림은 유(有)의 조건이며,
유는 생(生)의 조건이 된다.
그리고 생은 늙음, 죽음, 슬픔, 비탄, 고통, 후회, 갈망 등의 조건이 된다.
그러므로 이 모든 고통의 덩어리가 일어나는 것이다."

이와 같이 연기를 기반으로 한 업에 의한 윤회라는 논리에서, 삶과 삶은 죽음이라는 중간 단계를 거치며 연속된다. 이는 불가능하고 상상의 소산일 것만 같은 죽음 뒤에 오는 또 다른 삶을 가능하게 해주는 어쩌면 환상적인 논리이기도 하다.
그러나 이러한 환상적인 논리가 바로 인간이 가지고 있는 죽음에 대한 두려움 등을 긍정적으로 받아들이게 하는 원동력임과 동시에 또 다른 삶에 대한 희망을 갖고 자신의 삶에 적극적으로 임하게 하는 것인지도 모른다.

(2) 무아 사상(無我 思想)

연기론은 '나의 본질은 반드시 실재하며 영원하다'는 주장을 물리치기 위한 것이었으므로 불타는 당연히 나의 본질 자체는 없는 것이라고 주장하였다.
즉 앞서 논했던 연기의 원리에 의해 신체인 색(色), 느낌인 수(受), 지각인 상(想), 의욕인 행(行), 의식인 식(識)의 오온(五蘊)이라는 요소가 임시로 합쳐져서 우리들이 일반적으로 생각할 수 있는 '나'라고 하는 존재가 있는 것이므로, 이러한 나에 대해 욕심부리고 집착하는 것을 버리라고 하였다.

결과적으로 이와 같은 무아사상은 결국 자기 모순과 결점 및 한계성에 대해 자각함으로써 타인의 결점도 온정과 아량을 가지고 관용하게 되는 것이다.

(3) 보살의 서원(誓願)

무아 사상에 의해 타인의 결점을 관용하고, 이러한 관용심이 적극적으로 발현되면 바로 보살로서 서원을 하게 되는 것이다.

보살은 '위로는 깨달음을 구하고, 아래로는 중생을 교화한다(上求菩提 下化衆生)'는 말로 대표된다. 이것은 일면 불타가 이룬 큰 지혜를 닦으며 동시에 중생들에게는 불타가 행한 바를 좇아서 괴로움을 없애 주고 즐거움을 부여하는 자비행의 실천을 덕목으로 하는 대승(大乘) 사상에서 모범으로 삼는 인간상이다.

따라서 이와 같은 덕목은 구체적으로 육바라밀(六波羅蜜)이라는 형태를 지니고 있다.

"바라밀이란 이쪽에서 저쪽으로 건너는 일, 즉 세상을 사는 일을 말한다. 따라서 육바라밀이란 인간이 세상을 바르게 살아가는 데 꼭 필요한 여섯 가지 덕목이다. 특히 육바라밀은 자기 자신의 마음을 갈고 닦는 수행 이상의 의미를 가지는데, 자신을 이롭게 함과 동시에 타인도 함께 위하는 이타행의 지혜가 담겨져 있다.

여기에는 보시(布施), 지계(持戒), 인욕(忍辱), 정진(精進), 선정(禪定), 지혜(智慧)가 속하며, 이 가운데 보시와 지계, 인욕은 중생을 이익 되게 하는 이타행으로서 자비의 실천상이며, 정진,

선정, 지혜는 자리행의 구도상이다."

 그런데 이 바라밀행 가운데서도 보시 정신에 기반한 자비행이 가장 우선적인 것이지만, 5바라밀 즉 보시, 인욕, 지계, 정진, 선정은 지혜를 그 기반으로 하여 행해야 하는 것으로, 보살은 보시를 위한 자비행으로 지옥행도 마다 않는 열정을 품고 행동에 옮긴다. 이러한 연유로 중생 구제를 위해 적극적으로 윤회의 흐름에 뛰어들 수도 있는 것이다. 이러한 보살상은 자타카의 불타 본생신으로서의 보살들의 모습에 그 전형을 두고 발전되었다.
 불교에 있어서 최고의 목표이자 즐거움은 윤회로부터 벗어나는 열반(涅槃)의 경지이며, 따라서 보살들은 한 명의 중생이라도 윤회의 고통에 허덕이고 있다면 자신도 윤회의 흐름에 뛰어들어 그를 윤회의 괴로움에서 벗어 나게 하고 나서야 자신도 윤회에서 벗어 나겠다는 서원을 세운다. 이러한 보살의 자비행은 서원을 통하여 그 적극성이 보증되는 것이며, 이는 달리 말하자면 적극적 이타행의 실천이라고 할 수 있다.
 이러한 이타 보시행은 일반적 입장에서는 극단적인 모습이며, 일단의 비약이 도사리고 있다고 볼 수도 있다. 그러나 바로 이 사상에서 자타카가 다른 전승 설화와는 다른 종교 설화로서의 실천성이 엿보인다고 할 수 있다.
 이러한 이타행의 실천은 자타카 전편에 걸쳐서 맥맥히 흐르는 사상이 되고 있으며, 자타카에 등장하는 불타 본생신들의 목숨조차 돌보지 않는 비약적이고도 헌신적인 이타 보시행은 그 본생담을 듣는 신자나 청중으로 하여금 신앙심을 품게 하고 자타카에 나온 보살처럼 행동할 만한 용기를 얻게 했으리라고 본다.

이와 같이 자타카에 포함되어 있는 연기론적인 인과 관계, 무아 사상, 보살 서원 등의 종교적 성격은 그 표현된 사상 자체가 교훈적인 면 외에도 설화적 체제에 쉽사리 흡수될 수 있는 성격이 다분한 것이다.

즉, 자타카가 단순히 전승되던 기존의 설화를 흡수했기 때문에 설화적인 성격이 농후하다기 보다는 기존의 불교의 사상 또한 설화성이 농후한 상태로 자타카에 녹아들어 있다고 본다. 따라서 자타카는 진정으로 종교 설화일 수 있으며, 이런 까닭에 전술한 바와 같이, 자타카는 성립된 이후로 동·서양에 걸쳐 변용되는 과정을 거쳐 각 지역의 설화로 쉽사리 정착을 하게 되었으리라고 본다.

제2장 불전설화와 동화

1. 유아의 발달과 동화
2. 불전설화의 동화적 특성
3. 불전설화와 유아교육

1. 유아의 발달과 동화

1) 동화의 개념 및 특성

　아동 문학은 일반적으로 작가가 아동이나 동심을 가진 성인에게 읽히기 위해 쓴 모든 저작을 말한다. 즉, 아동문학은 문학의 본질에 바탕을 두면서 아동을 위해, 아동과 함께 하는, 아동이 읽어 온 문학으로서 동요, 동시, 동화, 아동소설, 아동극 등의 분야를 일컬으며, 여기에는 유아문학(Young Children's Literature)이 포함된다. 유아문학은 독자의 특성상 주제나 소재에서 이상성(理想性)과 환상성을 갖추고 있고, 심미성을 고려한 교육성을 내포하고 있다. 또 형식과 내용에서는 단순하고 명쾌성이 있으며, 일반 문학과 같은 예술적 형상화의 방법을 거쳐 독자들에게 감동을 준다.
　유아문학 중에서 특히 동화는 서사시 형식에 속한다. 이것은 유아들을 위한 흥미 있는 이야기로 창작되거나 전래되어 온 것으로, 시에 가까운 산문문학이고 그 내용에는 현실(realism)과 환상(fantasy)이 공존하고 있다.
　특히 보다 순수한 동화는 사실적인 소설과 다른 공상적인 이야기, 환타지가 많은 것, 초자연적인 이야기가 많은 것으로 평가된다. 예를 들어, 동화 속에서의 환타지는 유아들에게 미래지향적 사고와 창조력을 길러 주며, 감정을 정화해 주고, 현실의 메

마름을 극복할 수 있는 힘을 줄 수 있기 때문이다.

그러나 무엇보다 동화는 어린이들을 위주로 하기 때문에 그 내용 속에 일단 흥미로운 요소를 많이 지니고 있어야 한다. 그러므로 전형적인 동화의 내용적인 특성은 대략 다음과 같은 면을 포함한다.

첫째, 동화의 전반적인 내용의 전개는 초시간적, 초공간적 환상성에 지배되고 있다.

둘째, 동화에 나오는 등장 인물은 좋은 주인공과 나쁜 주인공의 성향을 가진 양 극단의 주인공들이 반드시 등장한다.

셋째, 사건의 전개는 사악한 나쁜 주인공에 의해 매력적인 좋은 주인공이 극도의 고난과 위기를 겪게 되고, 그 위기의 절정에서 극적 전환을 통해 유아들의 상상속에서 갈망하는 바를 실현하는 내용으로 이루어진다.

넷째, 동화의 구조(plot)는 제시부, 중간부, 연결부로 극(drama)의 구조를 이 루고 있는데 제시부는 극의 상황을 제시하는 부분이며 전체적인 내용은 갈등과 좌절을 일으키는 단계와 좋은 주인공의 행복한 결말을 보여주는 갈등 해소의 단계로 크게 양분된다.

2) 유아의 발달 특성과 동화

동화는 그 특성상 유아의 발달에서 중요한 효과와 가치를 갖는다. 유아기는 다른 발달 단계와 다른 고유한 특성을 갖는데, 이 시기는 대략 2세반 무렵부터 6세까지를 일컫는다. 이 시기는 사고 과정에 근본적인 변화를 가능하게 하는 이미지(image)와 단어를 포함한 상징에 의한 정신 능력이 급속히 발달한다.

따라서 주변의 세계를 받아들이고 소화하는데 언어의 영향을 가장 많이 받게 되며, 책에 나오는 이야기를 듣고 그것에 대하여 이야기하면서 대리 경험의 세계로 들어갈 수 있는 능력을 발달시킨다.

여러 학자들이 연구한 바에 의하면 동화는 유아들에게 상상력을 길러 주고, 경험을 확장하여 풍부하게 해주며, 사고력과 창의력을 통해 자기를 잘 표현할 수 있게 하고, 정서 순화를 통해 아동이 즐거움 속에서 세상을 잘 이해하며 지낼 수 있도록 도와준다. 또 동화는 현실간에 전이 공간을 창출시켜서 유아들이 좀 더 적응적이고 통합적으로 기능할 수 있게 해 주는데, 이것은 유아들이 현상학적인 인과관계, 물활론, 목적론과 같은 독특한 인과적 사고틀을 가지고 있기 때문에 더 효과적이다. 예컨데, 유아들이 가지는 독특한 인지 특징은 다음과 같다.

첫째, 현상학적인 인과관계는 시간적으로 동시 또는 근접해서 발생되는 두 사상 간에는 반드시 특수한 인과관계가 있다고 믿는 것이다. 유아들은 시간적으로 근접해서 일어나는 두 사상은 서로 기능적이거나 기계적인 직접적 관계가 없이도 인과관계가 있다고 생각한다. 예를 들어, 토끼가 풀 속에서 뛰쳐 나온 후에 그 곳에서 들꽃을 발견했다면, 유아들은 토끼가 그 꽃을 피웠다고 생각하는 것이다. 이것이 곧 매우 불합리하지만 사물이나 현상 간의 관계를 원인과 결과로서 인지하려는 초보적인 도식이다. 그러나 이러한 도식은 자신과 사회적 관계에 대해 많은 것을 학습할 수 있게 해준다. 즉, 유관관계(contingency relationships) 또는 행위-결과 규칙(if...,then....)의 원리를 형성함으로써 유아는 주변 세계에 어떠한 질서를 부여하고 어떤 상황에서 특정 행동을 하면 어떤 결과가 있을 것인지를 예측할 수 있으므로 타인의 행동을 예측하고, 자기-평가적인 준거 형태로 내면화되어 결국에는 자신을 조절할 수 있는 것이다.

둘째, 물활론은 모든 사물이 생명을 가지고 있다고 생각하는 것이다. 예를 들어, 해와 달, 자동차 등은 움직이기 때문에 살아 있는 것이고, 전동이나 난로 같은 것은 움직이지 않기 때문에 죽어있다고 믿는다.

셋째, 목적론은 이 세상의 모든 사물은 인간에 의해서, 인간을 위해서 만들어졌다고 믿으며, 모든 사상에는 목적이 있다고 생각하는 것이다. 이러한 목적론은 앞서의 현상학적인 인과관계와 연관이 있다. 따라서 '목적론적 인과론'이라고도 한다. 이러한 목적론적 인과개념은 '왜'라는 질문을 많이 하는 유아의 일상 언어 생활에서 쉽게 관찰된다.

유아들의 이러한 사고 특징과 관련하여 동화는 이들이 세계를 사고하고 경험하는 방식과 같은 방식으로 진행되기 때문에, 어른의 추론과 관점을 따라가는 것보다 동화에서 더 많은 위안을 얻을 수 있다고 한다.

이러한 견해는 유아의 물활론적 세계에서는 동화속의 환상 세계가 더 재미있고 납득이 가기 때문에 더 의미있고 진실된 것인 반면에, 어른의 실제적 설명은 아직 추상적인 이해가 부족한 유아기 아동들에게 더 혼란스러운 것이고 좌절감을 주므로 유아 자신의 지식과 정서로 이해가 가는 동화 이야기가 그들에게 보다 확신이 가기 때문으로 설명할 수 있다. 따라서 자신들의 정신 구조와 유사한 특성을 가진 동화에 유아들은 쉽게 매력을 느끼게 되는 것이다.

또한 앞서 서술하였듯이 동화가 지닌 가장 큰 특징은 환상성이다. 전래동화의 내용을 분석한 일부 연구에 의하면, 전래동화는 현실 세계와 초현실 세계가 구별되지 않는 일차원적 공간을 배경으로 두 세계가 같은 차원에 속해 있어 서로 자유롭게 드나들 수 있으며, 의인화된 동물과 무생물, 초현실적인 존재, 신비한 장소나 물건 등이 자주 등장한다. 때문에 동화의 환상성은 유아의 상상력을 자극하고 심화시켜 주는 다원적 구성력을 갖는다. 유아들의 상상력은 오관으로 알 수 있는 외계의 사물에서 끌어낸 개념을 초월한 보다 깊은 개념을 가진 마음의 활동이기 때문에, 이들의 창의성과 깊은 연관을 가지고 긍정적인 영향력을 행사한다.

또한 유아기는 호기심이 매우 많기 때문에 동화를 통한 교육은 유아의 자발적 학습을 이끌어 내는데 매우 효과적이다. 즉, 호기심과 탐색, 놀이를 통한 학습은 능동적이고, 몰입적이며, 새로운 것에 수용적이고, 놀라움과 경이로움 등을 주어 활동 자체가 보상이 되므로, 이를 통해 유아는 환경에 숙달되고, 보다 자기-결정적인 학습 도구를 제공받는 것이다.

특히 동화의 사건 중심적인 구성은 사건이 전개될 때마다 새로운 국면으로 변전(變轉)되는데, 유아들은 이러한 변전된 새 국면을 대할 때마다 무한한 경이와 호기심을 유발할 것이다.

덧붙여 동화는 그 주제에서도 거짓말과 횡포, 약속의 파기를 경계하며 대신에 정직과 우정, 협동과 근면을 장려하는 권선징악(勸善懲惡)과 견강부약(牽强扶弱)의 법칙 등을 명확하게 제시하고 있어 유아에게 어떤 행동의 원인과 결과를 분명히 통찰할 수 있게 해주기 때문에 이들의 사회성 발달에 기여한다.

또 동화에 주로 쓰이는 개인 지향적인 언어 형태는 역할 수용 능력의 발달에 기여하는데에 의하면 역할 수용이란 도덕성 발달을 촉진시키는 중요한 사회적·인지적 요인이다. 따라서 유아들은 이것을 통해 타인의 조망을 파악할 기회를 갖게 되므로,

남과 더불어 살기 위해서는 자기뿐 아니라 타인의 느낌과 의도도 중요하며 호혜적(互惠的) 권리와 의무를 유지하기 위해서는 규칙과 법칙이 꼭 필요하다는 도덕적 추론 능력이 발달하게 되는 것이다.

마지막으로 유아들은 동화 속의 등장 인물들을 동일시함으로서 발달한다. 그러나 이것은 이야기 속 선한 주인공의 올바름 때문이 아닌 주인공의 조건이 아동에게 긍정적인 감정 호소를 하기 때문에 동정을 불러 일으키는 동일시이다. 이에 대해 Hoffman(1987)은 도덕적 판단을 요구하는 상황에서 감정이입적 정서가 함께 작용하게 되면 이들은 함께 기억 체계 안에 정서가 부과된 표상체로 저장되며, 이후에 적절한 경우를 만났을 때 함께 반응하게 된다고 주장하면서, 초기 훈육 과정에서 획득된 도덕 개념과 연관된 공감적 정서는 도덕적 개념을 기억해 내는데 기여하므로 도덕적 판단에 있어서 정서적 요인이 매우 중요하다고 제안하였다.

결국 동화가 유아에게 주는 궁극적인 심리적 위안은 행복이나 선의 완성으로 맺는 결말에 있다. 이에 대해 Aronfreed는 유아기 아동이 다른 사람을 행복하게 만들어 주거나 어려움에서 구제해 주는 행동이 자신에게 유쾌하다는 것을 배우게 됨으로써 친사회적 행동이 자기 강화적으로 된다고 주장하였다. 따라서 동화를 통한 긍정적인 감정의 경험은 유아가 이야기에 제시하는 친사회적 행동을 내면화하는데 기여하게 되는 것이다.

이상의 논의로 볼 때 동화의 경험은 유아의 역할 수용, 도덕성, 친사회적 행동 발달에 상당한 영향을 줄 수 있다고 보여지며, 이것이 또한 유아의 성장 발달 과정에서 동화가 갖는 의미라고 할 수 있다.

다고 주장하였다.

이러한 세 가지 견해들은 각기 가진 관점의 차이에도 불구하고 대부분의 동화가 서로 유사하다는 점과, 그 내용이 인간에게 보편적으로 내재하고 있는 동질성(universality)을 추구하고 있다는 점에서 서로 일치하고 있다.

이러한 기원에서 비롯된 동화의 내용상의 시원은 전설이나 신화, 민담, 성인 소설류로 볼 수 있는데, 여기서 전설이나 신화가 동화의 시원이라는 것은 곧 설화가 동화의 시원이라는 말과 같은 의미이다. 여기서 잠시 설화의 종류와 그 개념상의 특징을 알아보면 다음과 같다.

첫째, 신화(神話, myth, mythus)는 신성시되는 이야기를 말한다. 여기서 신성성(神聖性)이란 현실적으로 존재했거나 존재하는 것을 포괄적, 규범적 의의를 가지도록 차원을 높여서 나타내는 현상이다. 신화의 신성성은 위대하거나 숭고한 행위로써 성립된다. 신화적 행위는 비록 일상 생활과는 다른 차원에서 전개되지만 그 의의를 이미 인정하고 있는 것이어서 기괴하지는 않다. 따라서 일상 생활에서의 보편적 경험을 특정한 의미가 두드러지도록 집약화 해서 이야기로 만든 것이 신화이며, 일단 성립된 신화는 행동의 규범이나 당위로써 간주된다. 또 신화는 민중적인 것으로 민족의 범위 안에서 전승된다. 단군신화, 주몽신화, 박혁거세신화, 수로왕신화, 제주도의 삼성혈신화 등을 비롯한 문헌신화와 지금도 전승되고 있는 서사적 형태의 무가들이 이에 속한다.

둘째, 전설(傳說)은 특정한 장소, 시대, 인물 등에 관한 이야기, 또는 사건의 기원이나 자연 현상, 물질 현상에 대한 인간이 경탄할 만한 이야기로 대부분 민중적인 것이다. 전설에는 진실성이나 사실성은 있으나, 신성성은 없으며 특히 증거물이 제시된다는 점이 특징이다. 한편 이러한 전설이 인물에 치중하면 영웅담이 된다.

셋째, 민담(民譚)은 흔히 '옛날이야기'에 해당하는 것으로, 특정한 장소나 시대, 인물이 지적되지 않고, 필연성이 결여된 허구적인 것으로, 흥미본위의 이야기이다. 따라서 대개 우화나 동화는 여기에 포함된다.

위에서 전술한 설화의 개념을 보면, 민담이 전래동화와 가장 유사하다고 볼 수 있다. 이것은 민담이 주로 동심(童心)을 바탕으로 꾸며진 이야기이기 때문이다. 또 민담과 전래 동화는 다같이 현실에서는 일어날 수 없는 신기하고 이상한 일이 벌어지는 이야기라는 공통점을 전제로 한다. 이러한 민담과 전래 동화의 유사점을 좀 더 자세히 살펴보면 다음과 같다.

첫째, 민담과 전래동화의 전승자는 자신의 이야기가 신성하지도 진실되지도 않다고 생각한다. 즉 흥미 위주로 생각하는 것이다.

둘째, 뚜렷한 시간과 장소가 없다.

셋째, 전설과는 달리 뚜렷한 증거물이 없다.

넷째, 특히 민담과 전래 동화는 세계적으로 널리 분포되어 있다.

그러나 민담과 전래동화는 구전되어 기록되는 과정이나 편저자의 주관에 따라 그 내용에 있어 약간씩 다른 양상도 보이고 있다. 이것은 구체적으로 다음과 같다.

첫째, 민담은 본질적으로 사건의 짜임새 있는 구성을 꾀하기

보다는 이상하게 벌어지는 사건을 불합리한 그대로 전개시키는 것을 즐기는 반면에, 전래동화는 납득하기 어려운 불합리한 전개를 지양(止揚)하며 합리화하고 짜임새 있는 구성으로 전개되는 것이 특징이다.

둘째, 민담의 서사적 서술 방법이 정적(靜的)이라면 대화에 의해서 이것을 구조물화시키는 전래동화의 입체적 서술 방법은 역동적이다.

셋째, 민담은 짧고 명쾌하게 이어지는 사건 위주의 간략한 서사를 통하여 긴장감을 불러일으키는데 반하여, 전래동화는 사건의 진행 자체뿐만 아니라 그에 따르는 장면 묘사나 상황의 설명, 인물 묘사 등 군더더기를 많이 입혀 장황해지며, 따라서 긴장감을 이완시켜 서사의 탄력성을 잃게 된다.

넷째, 전래동화는 민담보다 순하고 함축적인 어휘나 표현을 사용한다.

다섯째, 전래동화는 민담보다 도덕적이고 교훈적이다.

이상과 같은 비교를 통해 보면 전래동화는 설화를 그 연원으로 하면서도 또 다른 양상을 지니고 있다고 볼 수 있다. 또한 이러한 특성을 통해 우리는 전래동화와 불전설화인 자타카가 그 연원 및 특성에서 매우 유사하다는 것을 발견할 수가 있다.

즉 자타카도 형성 당시 민간에 유포되어 있던 설화를 채용하여 생성되었으므로 그 시원이 전래동화와 같다고 볼 수 있는 것이다. 또 자타카는 불교의 업사상이나 윤회사상 등을 중심으로 하여 이루어졌으므로 내용적 특성도 위에서 열거한 전래동화나 민담과 유사하다고 볼 수 있는 것이다.

2) 불전설화와 동화의 본질적 상관성

동화 중에는 환상적인 면을 배제한 사실적인 내용의 동화도 있지만, 무엇보다도 두드러지는 동화의 특성은 환상이다. 동화를 창조해 내는 근원이며 원동력이라고 할 수 있는 환상은 단순히 무슨 일이든지 고찰해 내는 재주만을 말하는 것이 아니라, 추상의 세계에서 생명을 창조하는 힘이며 이는 다시 또 다른 추상력을 자극하고 심화시켜 주는 다원적 구성력과 현실에 있지 않은 것을 형상화 해내는 힘을 가진다.

그러나 앞서 동화의 특성에서 살펴보았듯이 이러한 환상은 과학의 세계를 기반으로 한 것이며 따라서 현실과 연계된 것이다. 다시 말하면 동화의 현실성은 단순한 법칙성이나 필연성과는 달라서, '현실을 어떻게 다룰 것인가'가 아닌 현실을 근거로 하면서 인간의 이상이나 소원, 요구에 부응하는 것이다.

따라서 동화는 그 내용이 공상적, 서정적, 그리고 교양적인 것이면서도, 그 속의 환상은 단순한 가공이 아니라 현실의 문학적인 미화로서의 환상이라고 할 수 있다. 그래서 동화는 환상이라고 하는 상징과 비유를 통해 세계를 비추는 것이라고 하겠다.

또한 동화는 심리학적 배경이 시간적이고 초공간적이다. 이것은 전설이나 신화에서는 결코 찾아볼 수 없는 점으로, 따라서 동화는 그 결말에서 문제를 해결하는데 이중(二重)의 종결이 가능하다. 즉, 행복한 장면으로 이야기가 끝나지만(happy ending), 이야기하는 사람이 부정적 소견을 말하는 것으로 끝날 수도 있는 것이다. 다시 말해 이러한 끝맺음은 "이것은 단지 동화 속의 이야기다. 그러나 우리는 냉엄한 현실 속에 있다. 이제 우리는 일상생활로 돌아와야 한다. 때문에 이야기에 정신 잃지 말고 당혹하지 말아야 한다."는 것을 의미한다. 이렇게 동화는 환상을 중요시하지만 그 환상은 현실과 한시라도 궤적(軌跡)을 달리하지 않는 환상인 것이다.

한편 여러 번 밝혔듯이 자타카는 연기를 기반으로 한 업에 의한 윤회를 중심으로 이야기가 전개된다. 심리학적 측면에서 볼 때, 업에 의한 윤회 사상은 특히 인간이 가지고 있는 죽음에 대한 두려움이나 공포를 긍정적으로 받아들이게 하는 원동력으로 작용하여, 이것을 믿는 사람들은 미래에 대한 희망을 갖고 현재 자신의 삶에 더욱 적극적으로 임하게 한다. 이것이 바로 현실을 적극적으로 원조하는 자타카의 환상적 원리라고 생각한다. 결국 이러한 원리는 자타카가 동화와 그 본질적인 성격에 있어서 동일 선상에 있음을 말해 주는 것이다.

지금까지 자타카와는 다른 경로로 동화의 연원과 그 본질적 성격을 규명해 보았는데, 이와 같은 논리를 통하여 볼 때, 동화와 자타카는 그 연원과 더불어 본질적인 특성이라고 할 수 있는 '현실과 연계되어 있는 환상성'에 있어서 같은 지평에 서 있음을 알 수 있다. 이러한 양면에 걸친 동일성에 가까운 연관성은 바로 자타카가 동화로서의 성격을 내적, 외적으로 소지하고 있음을 보여주는 증거라고 할 것이다.

3. 불전설화와 유아교육

유아교육은 일반적으로 유아가 독자적이고 통합적인 개체로서 인간적 삶을 영위하면서 성장하고 발달하도록 조력하는 형식적, 비형식적 교육 과정의 총체이다. 이러한 유아교육의 정의에 포함되어 있는 '인간적 교육'의 의미는 곧 삶의 행복을 증진시켜 주는 적응력(adaptability)을 신장시키는 것이다. 그러므로 유아교육이 인간화되기 위해서는 상상력, 창의력을 중심으로 한 활동이 보장되어야 한다.

또한 유아교육의 정의적, 사회적, 인지적 영역의 목표는 타인에 대한 지각, 자아 개념, 감정의 표현과 관리, 자신과 환경에 대한 사고 유추 기억, 그리고 언어 발달을 통해 가장 바람직한 성인상을 설정하고, 그러한 이미지를 가진 개인으로 유아를 발달시키는 것이 포함된다. 같은 맥락에서 유아교육의 교육과정 내용은 사회, 정서, 인지, 신체의 각 영역에 걸쳐서 유아의 전인적인 발달을 꾀하고, 유아가 장차 사회의 한 구성원으로서 충분히 기능할 수 있도록 준비시키는 것이다.

이러한 유아교육 전반에서 가장 염두에 두어야 할 점은 유아들이 그들 나름대로 생각할 수 있다는 것을 인정해 주는 일로서, 이것은 곧 성인들의 생각을 주는 것이 아니라는 것을 분명히 하는 것이다. 특히 유아들이 주변 세계를 탐색하고, 언어를 획득하며, 끊임없이 자신을 다양한 모습으로 표현하는 것 등 그들이 나타내는 모든 행위는 다 창의적 활동이라고 할 수 있으며, 이러한 창의성은 상상력이나 직관적 충동이 현실적이고 실제적인 기능과 통합된 것이다. 또 이러한 과정은 발견과 증명의 두 단계로 구성되는데, 이를 위해서는 유아들이 자신의 상상력과 아이디어를 통해 놀이할 수 있으며, 이것을 주변 세계에 반영할 수 있도록 하는 학습 환경이 절대적으로 필요하다.

바로 이러한 맥락에서 동화는 유아교육에 절대적인 효과가 있다고 볼 수 있다. 따라서 동화가 유아의 발달에 도움을 줄 수 있는 구체적인 내용을 언어, 지능, 사회성, 정서 등의 네 가지 방면에서 살펴보면 다음과 같다.

첫째로 동화가 가지는 언어교육적 기능을 보면, 유아는 동화를 통하여 인간이 창조해 온 문화를 인지하고, 사상과 감정을 표현하며, 사물의 이치를 깨달아 간다.

둘째, 유년기의 지적 영역에는 지각, 기억, 사고, 상상 등이 포함되는데, 특히 동화는 유아의 상상력을 키워 줌으로써 지적 기능 발달에 도움을 준다.

셋째, 유아들은 동화 속에 등장하는 주인공들을 통하여 올바른 생활태도, 습관, 대인관계, 협동심, 자주성, 책임감 등을 배우게 되고, 이러한 과정에서 사회성이 발달한다.

넷째, 유아기에 동화를 통해 얻어진 정서적 안정감은 성장 과정에 많은 도움이 된다.

한편, 앞서 살펴보았듯이 불교 경전에 포함되어 있는 많은 설화들은 동심에 호소할 수 있는 동화로서의 기능을 가진다. 이러한 설화들은 유아들에게 어리석음을 깨우쳐 준다든지, 의지력을 고취시킨다든지, 올바른 진리를 위한 헌신이라든지, 긍정적이고 진취적인 인간관을 흥미와 함께 전달하고 있다.

또 자타카에는 여러 존재가 인(因)과 연(緣)에 의해 이루어져 있다는 연기의 원리가 나타나고 있는데, 그 인연에 의한 결과가 반드시 있어야 하므로 여기서 인과관계가 도출된다. 즉, 전생에서 현생으로 이어지는 내용과 구성의 논리를 알기 위해서는 이러한 인과관계를 파악해야만 하는 것이다. 인과관계의 유추는 특히 유아들에게 큰 의미를 갖는다.

왜냐하면 유아들은 일상 생활에서 여러 가지 상황을 경험하게 되고, 그 구체적인 상황에서 어떤 행위나 결정이 적절한지 알기 위해서는 그 자신이 상황의 여러 측면, 즉 복잡성과 갖가지 미묘한 뉘앙스에 대한 지각력을 계발해야 하기 때문이다. 따라서 내용 구성상 현생의 원인으로서의 전생과 전생의 결과로서의 현생을 이야기하는 인과관계를 기본틀로 하는 자타카가 유아들에게 실제적인 도움을 줄 수 있는 것이다.

또한 자타카의 내용적인 측면은 유아들이 다른 사람의 입장을 이해하는 타인 조망 능력 발달에 도움을 줄 수 있다. 특히 연기의 원리에서 비롯된 불교의 무아(無我)사상은 자기의 모순과 결점 및 한계성을 분명히 자각함으로써 타인의 결점도 온정과 아량을 가지고 관용하게 되는 것인데, 이러한 사상이 자타카의 내용 곳곳에서 등장하고 있기 때문이다.

즉, 보살 본생신의 신분이 인간은 물론이고, 동물로까지 변하는 상황을 통해 사람들은 자신의 상징으로 여겨왔던 신분 또는 육신조차 고정된 것이 아니며, 어떠한 원인만 성립되면 언제고 다른 신분, 또는 동물로 바뀔 수 있음을 인정하게 되는 것이다.

따라서 유아들은 이러한 자타카의 내용을 통하여 남의 입장을 이해할 수 있는 심정적인 준비를 갖출 수 있다. 특히 도덕교육을 연구한 일부 논문에서는, 사람들이 기존의 전통적인 규범을 따르는 예절, 효도 등의 도덕 교육 덕목보다 오히려 남의 처지나 입장을 이해하기가 더욱 어렵다고 보고하고 있다는 것을 미루어 볼 때, 바로 이러한 도덕교육에 있어서 어려운 점을 자타카가 부분적으로 담당해 낼 수가 있다고 본다.

끝으로 우리는 도덕적 품성 형성의 결정적 시기가 바로 유아기라는 사실에 주목할 필요가 있다. 특히 정당한 행동을 함으로써 얻는 순수한 만족을 누릴 수 있는 영감을 얻는 것은 건전한 도덕적 성장을 위해 매우 중요한 조건이다. 자타카는 바로 그러한 조건을 만족시킬 수 있는 요건을 갖추고 있다. 자타카에서는 보살이라는 이름으로 불타의 본생신들을 표현하고 있으며, 다양한 삶으로 윤회하는 보살은 한 명의 중생이라도 윤회의 고통에 허덕이고 있다면 자신도 윤회의 흐름에 뛰어 들어 기어코 그를 윤회의 괴로움에서 벗어나게 하고 나서야 자신도 윤회에서 벗어나겠다는 서원을 세운다.

그리고 그 실천으로서 다양한 자비행을 보여준다. 이타 보시행은 일반 사람들은 극단적인 모습이라고 느낄 만큼 모범이 되는 이상적인 모습으로, 자타카가 설해질 당시에도 그것을 듣는 신자나 청중들에게 신앙심을 갖게 하고 자타카에 나온 보살처럼 행동할 만한 용기를 얻게 했을 것이다. 이러한 연유에서 자타카는 유아의 도덕적 품성을 함양하는 한 방법으로서의 역할을 수행할 수 있으리라 생각한다. 그리고 자타카가 유아의 발달과 교육에 미칠 수 있는 효과와 가치에 대해서는 이후의 4장에서 보다 상세히 다루고 있다.

제3장 불전설화의 내용

1. 불전설화 내용 분석 방법
2. 불전설화의 내용

1. 불전설화의 내용 분석 방법

　제3장에서는 앞서 살펴본 관련 문헌 고찰을 토대로 먼저 유아 교육적 가치가 있는 불전설화를 선정하였고, 이어서 각각의 불전설화가 담고 있는 교육적 내용을 분석하였다.
　여기서 불전설화가 갖고 있는 명시적이고 잠재적인 전달 내용에 체계적으로 접근하기에는 내용 분석 방법이 가장 적합하다고 보았으며, 분석 과정의 객관성과 체계성을 확보하기 위해서 다음과 같이 분석 대상 선정 및 분석 범주 설정을 밝혀 두는 바이다.

1) 분석 대상 불전설화의 선정 방법

　이 책에서 내용을 분석한 불전설화는 자타카에 실린 총 547편이었다. 그러나 이 가운데 내용상 유아에게 부적절하다고 판단된 것(예를 들어, 출가자에게 경계한 것, 부부나 창녀, 유부녀 등과 관계된 것, 지나치게 극단적이거나 잔인한 것, 내용상 비약이 심한 것 등)을 제외하고, 교육적 효과가 높다고 인정되는 150편을 선정하여 원본인 팔리어본과 Cowell의 영역본, 남전대장경「본생경」, 한글 대장경「본생경」을 보조 자료로 하여 본문을 400자 내외로 그 줄거리를 간단히 요약하였다.

그리고 이것을 불교학 및 유아교육 전문가 5인(불교학과 교수, 아동학과 교수, 유아교육학과 강사, 유치원 원장, 유치원 교사)에게 제시하여, 이들로 하여금 유아교육적 가치가 높다고 인정되

〈 표 1 〉 분석 대상 자타카 제목 일람표

편 수	장	품명(品名)	경번호	제 목
1	1	무희론품(無戲論品)	1	희론(戲論)이 없는 전생
			2	모랫길의 전생
			3	탐욕(貪慾)상인의 전생
			4	출라재관의 전생
			5	볏짚의 전생
	2	계행품(戒行品)	12	용수록의 전생
			14	풍록(風鹿)의 전생
			20	노음촌(蘆飮村)의 전생
	3	영양품(羚羊品)	22	개의 전생
			23	준마(駿馬)의 전생
			28	환희만(歡喜滿)이라는 소의 전생
			29	검은 소의 전생
	4	추조품(雛鳥品)	33	화합(和合)의 전생
			37	자고새의 전생
			38	청로(淸鷺)의 전생
	5	이애품(利愛品)	42	비둘기의 전생
			48	베답바라는 주문의 전생
			50	무지(無智)의 전생
	6	원망품(願望品)	54	과실의 전생
	8	파나수품(婆那樹品)	73	참말의 전생
			78	일리사장로의 전생
	10	도독품(塗毒品)	91	독을 바르는 전생
	13	길상초품(吉祥草品)	124	암라열매의 전생
			128	고양이의 전생
	14	불여품(不與品)	136	금빛거위의 전생
			137	고양이의 전생
2	1	강강품(剛强品)	157	유덕(有德)의 전생
	4	무쌍품(無雙品)	189	사자가죽의 전생
	5	루하카품	196	운마(雲馬)의 전생
	6	나탐달하품	204	비라카 까마귀의 전생
			208	악어의 전생
	7	향초총품(香草叢品)	215	거북의 전생
			218	사기꾼 상인의 전생
			220	법당(法幢)의 전생
	10	시품(豺品)	241	일체아시(一切牙豺)의 전생

편수	장	품명(品名)	경번호	제 목
3	1	사유품(思惟品)	257	가마니찬다 농부의 전생
	2	효품(梟品)	270	올빼미의 전생
	4	진중품(眞中品)	283	공장양저(工匠養猪)의 전생
			288	고기떼의 전생
4	1	개문품(開門品)	305	험덕(驗德)의 전생
			308	속질조(速疾鳥)의 전생
	2	푸치만다나무품	315	고기(肉)의 전생
			316	토끼의 전생
	3	훼옥품(毁屋品)	326	칵카루 꽃의 전생
	4	시조품(時鳥品)	335	승냥이의 전생
	5	소곽공품(小郭公品)	347	쇠망치의 전생
5	1	마니이환품(摩尼耳環品)	352	선생 거사(善生居士)의 전생
			357	메추리의 전생
	3	반품(半品)	359	금록(金鹿)의 전생
6	1	아바리야품	383	닭의 전생
	2	세나카품	387	바늘의 전생
			388	금빛 게의 전생
7	1	쿡쿠품	397	의생(意生) 사자의 전생
			398	수타나청년의 전생
	2	건타라품(健陀羅品)	400	담바풀꽃(草花)의 전생
			407	큰 원숭이의 전생
9			432	발자국을 잘 아는 동자의 전생
			437	푸티만사 승냥이의 전생
10			449	빛나는 귀고리의 전생
11			457	법천자(法天子)의 전생
13			483	사라바사슴의 전생
15			506	참페야의 전생
17			521	세 마리 새의 전생
21			534	큰 거위의 전생

는 설화를 편수에 제한 없이 선정하게 하였다. 이렇게 하여 150편 가운데 선정 빈도가 높은 것(3인 이상이 같은 의견을 보인 것) 65편을 선택하여 최종적으로 이것을 분석 대상으로 삼았다.

분석 대상으로 선정된 자타카 65 편은 〈표1〉과 같다.

2) 불전설화의 분석 범주 선정

제2장에서 고찰하였듯이 자타카는 불교 성립 최초기부터 오랜 기간을 두고 수립 전승되어 그 역사성이 매우 깊다. 또한 이미 존재하던 설화가 자타카화 된 경우는 불교의 입장에서 충분히 소화된 연후에 자타카로서 성립되었으며, 더군다나 이렇게 성립 되는 과정에서 자타카 한 편 한 편은 독립적인 성격을 가지고 불 타의 설법이라는 상황 설정으로 커다란 하나의 이야기를 이루고 있다.

따라서 자타카는 단순히 그 역사적 연원만 심원한 것이 아니 고 그 안에는 불교의 사상이 녹아 들어가 있으며, 또한 그들은 각각 독특한 내용으로써 각기 독립적인 성격을 견지하고 있는 것이다.

따라서 단편적인 영역에 관한 분석만으로는 자타카 개별 설화 의 특성을 전체적이고 정밀하게 조명할 수 없어서, 선정된 자료 를 사전에 충분히 검토한 뒤 그 분석 범주 및 하위 분석 범주를 설정하는 귀납적 방법을 사용하였다.

이러한 과정에 따라 자타카를 분석하는 데는 크게 주제 범주, 인물 범주, 사건 범주의 세 가지 주요 범주가 사용되었다. 다음 은 각각의 개념 규정과 하위 범주에 관한 구체적인 내용이다.

(1) 주제 분석 범주

주제(Theme)는 문학 작품에 구현하여 독자를 설득시키기 위 한 추상적인 주장 혹은 교설로서, 이는 모티브와 서로 바꾸어 쓸 수 있는 핵심적이고 자주 반복되는 요소이다.

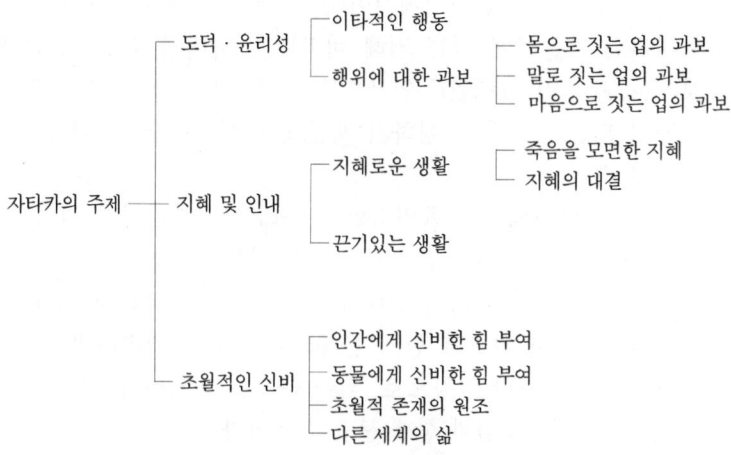

자타카의 주제 범주는 크게 도덕·윤리성 주제, 지혜 및 인내 주제, 초월적인 신비(神秘)의 범주로 나뉜다. 이것은 다시 몇 가지 하위 주제 범주로 나누어지는데, 다음은 이러한 주제 분석 범주를 체계화 한 것이다.

도덕·윤리성 주제에서 이타적인 행동이란 남을 위한 행위 전반을 가리키는 것으로서 주로 보살행이라 불려지며, 여기에는 보시, 구제, 희생, 생명 존중 사상이 포함된다.

또 행위에 대한 과보는 인과관계를 말하는 것으로서 선인선과 악인악과(善因善果 惡因惡果) 즉 인과응보(因果應報)를 가리킨다고 할 수 있는데, 이들 인과관계에 있어서 과보는 다시 몸으로 짓는 업의 과보, 말로 짓는 업의 과보, 마음으로 짓는 업의 과보로 나뉘어진다.

다음으로 지혜로운 생활은 일반적으로 슬기와 통하는 말이지만 주제 분석에 있어서 끈기 있는 생활과 함께 분류할 수 있는 이유는 불교 사상적 견지에서이다. 앞에서도 잠시 언급하였지만 육바라밀 가운데에 있는 지혜 바라밀은 나머지 다섯 바라밀인 보시(布施), 지계(持戒), 인욕(忍辱), 정진(精進), 선정(禪定)의 기반이 되는 역할을 수행하기 때문에 다섯 바라밀과 항상 같이 생각할 수 있다.

특히 자타카에서는 육바라밀 가운데 보시바라밀과 인욕바라밀에 해당하는 덕목이 주로 말해지기 때문에, 보시는 일종의 업을 짓는 것이므로 이타적인 행동이란 주제로 인과관계를 가리키는 행위에 대한 과보와 함께 분류되었으며, 지혜바라밀은 주로 지혜로운 생활이란 명칭으로, 뒤에 나오는 인욕바라밀을 위주로 하는 끈기 있는 생활과 함께 분류된 것이다.

그리고 초월적 신비란 현실에서는 허용되지 않는 극히 비약적인 상황 전개를 가리킨다.

(2) 인물 분석 범주

인물은 작품에 제시된 존재들로서 독자는 이들이 말하는 것과 행동하는 것에 표현된 특성에 근거해서 그 작품을 이해한다. 이 책에서 근거한 인물 분석 범주는 동화 속의 인물을 분석한 여러 선행 연구에서 주로 사용된 방법과 또한 현실적 인물뿐만 아니라 비현실적 혹은 초현실적 존재들을 모두 포괄하고 있는 톰슨의 「Motif Index of Folk Literature」를 참조하였다.

이러한 자료를 기초로 하여 분석 대상 자타카 65편을 중심으로 등장 인물 유형을 살펴본 결과 인간, 의인화된 동물, 초월적인 신비의 존재라는 세 가지 하위 범주를 설정할 수 있었다.

구체적으로 인간 하위 범주는 성별(性別), 연령별, 그리고 신분별로 나누었다. 여기서 성별은 남자와 여자로, 연령은 성인과 아동으로, 그리고 신분은 왕과 신하, 상인, 사냥꾼, 평민, 농부, 도둑, 바라문, 왕자, 동자, 할머니, 어머니, 딸, 손녀, 그리고 기타의 유형으로 보았다.

의인화된 동물의 경우는 자타카 안에 나오는 경우를 모두 표시하여 살펴보았는데, 여기에는 승냥이와 원숭이, 사자, 사슴, 까마귀, 고양이, 말, 소, 뱀, 코끼리, 쥐, 수달, 메추리, 올빼미, 거위, 게 그리고 기타의 유형이 포함되었다.

또 초월적인 신비의 존재로 등장하는 유형은 천상 세계와 공중 세계, 용궁 세계, 그리고 인간 세계로 설정하였다.

(3) 사건 분석 범주

사건이라는 것은 크게는 주제를 중심으로 어떤 일의 원인과 발전, 그리고 결과 등을 시간의 경위에 따라 묘사하는 것을 말하며, 작게는 등장 인물들의 심리 묘사나 성격 묘사 등도 모두 포함된다고 할 수 있는데, 이것은 독자에게 특정한 정서적, 예술적 효과를 얻는 방향으로 배열된다.

이 책에서는 자타카의 사건 분석 범주를 설정하기 위해 손동인(1984)의 사건 분석 기준을 참고로 하였지만, 불전설화의 내용 특성상 주인공 및 중요 인물의 행동에 대한 결과를 강조한다는 의미에서 행위를 추가적으로 사건에 포함시켰다.

또 이 책에서는 자타카 65편의 사건 중에서 큰 반전이 일어나는 중대 사건 행위만을 분석하였다. 예를 들어, 자타카 제 483번 「사라바사슴의 전생」의 사건 분석 방법을 살펴보면 다음과 같다.
- 어느 날 사슴을 쫓다 구덩이에 빠졌다. (상황)
- 사슴은 자신을 죽이려 했지만 있는 힘을 다해 구해 주었다. (행위; 돕다)
- 왕은 그 은혜를 갚으려 했다. (행위; 보은)
- 사슴은 보시, 살생하지 말 것을 부탁하고 왕은 전국에 명령했다. (행위; 명령)
- 제석이 시험해 보기 위해 왕의 활시위 앞에 사슴으로 변해서 있었다. (행위; 신통력)
- 왕은 약속을 저버릴 수 없다 하면서 활시위를 내렸다. (행위; 약속)
- 제석은 본래 모습으로 변해 왕에게 찬탄했다. (행위; 기쁨)

위 예를 보면 한 주제 안에 중대 사건 행위가 여섯 개로 나타나 있다. 이와 같은 방식으로 하여 분석 대상 자타카에 나타난 행위의 개별 성격을 추출하였고, 이들 개별 행위가 갖는 유사성과 차이를 대비시키는 방법으로 지식과 희망, 희락(喜樂), 경모(敬慕), 애정, 정의, 부정, 권세, 증오와 노여움, 비애 그리고 괴이라는 하위 범주를 설정하였다. 이들 각각의 하위 범주에 속하는 사건 유형을 다시 세분하면 다음과 같다.

① 지식~ 기지, 꾀와 같은 행위
② 희망~ 희구(希求), 약속 이행과 같은 행위
③ 희락~ 기쁘다, 복수하다와 같은 행위
④ 경모~ 믿다, 복종, 공경 등의 행위
⑤ 애정~ 돕다, 깨우침, 봉사, 희생, 사랑, 우애 등의 행위
⑥ 정의~ 보은, 끈기, 용감, 정의, 부지런하다, 사과하다 등

의 행위
⑦ 부정～속이다, 허욕, 불신, 비양심, 배은, 부정, 도둑, 불손, 약속 불이행, 경거망동 등의 행위
⑧ 권세～ 명령, 골탕, 약육강식(弱肉强食), 허세, 권세, 비웃다 등의 행위
⑨ 증오와 노려움～ 미워하다, 우애 없다, 시기하다 등의 행위
⑩ 비애～ 구원, 기도하다, 슬프다, 분하다, 도난 당하다 등의 행위
⑪ 괴이～ 신통력, 놀라다 등의 행위

(4) 분석 범주의 적용

　앞에서 설정한 분석 범주를 객관적으로 적용하기 위해 저자는 다음과 같은 적용 절차를 택하였다. 먼저 일차 분석 대상으로 선정된 자타카 65편을 충분히 검토하여 분석 범주 및 하위 분석 범주를 설정하였고, 이어서 그 중 3부를 가지고 5인의 불교학 및 유아교육 전문가들과 사전 검토 과정 및 재조정 과정을 거쳤다.
　이렇게 설정된 기준을 가지고 선정된 자타카 65편을 분석하고, 이것을 다시 동일한 5인의 불교학 및 유아교육 전문가들에게 제시하였다. 그리고 이들 중 3인 이상이 동의한 것을 해당 설화의 분석 범주 및 하위 분석 범주로서 타당한 것으로 보았고, 3인 이상이 동의하지 않은 것은 재차 협의를 통해서 조정하여 결정하였다.

2. 불전설화의 내용

1) 불전설화의 주제

자타카의 유아교육적 가치 탐색은 우선, 교육에 있어서 중요한 영역이 되는 내용을 알아보기 위해서 자타카가 내포하고 있는 주제를 분석하는 것으로 시작하였다. 분석 대상으로 선정된 자타카를 주제 분석한 결과 도덕·윤리 주제, 지혜 및 인내 주제, 초월적 신비 주제 등 세 범주로 나눌 수 있었고, 해당 주제에 속하는 각각의 자타카를 정리한 것이 〈표 2〉에 제시되어 있다.

〈표 2〉를 보면, 분석 대상으로 선정된 65편의 자타카 중에서 도덕·윤리 주제 범주에 속한 이야기는 모두 36편으로 가장 많다. 이어서 지혜·인내 주제 범주는 65편 중에서 20편으로 그 다음을 차지했으며, 초월적 신비의 주제는 모두 9편으로 나타났다.

또한 각 주제 범주의 하위 주제의 내용을 보면, 도덕 윤리성 범주는 이타적인 행동에 관한 주제가 10편이고 행위에 대한 과보 주제가 26편으로 단일 하위 주제로서는 가장 많은 편수로 나타났다. 지혜 인내 범주의 하위 주제로는 지혜로운 생활 주제가 16편이고 끈기 있는 생활 주제가 모두 4편으로 나타났다.

또한 초월적 신비 범주는 총 9편 중에서 인간에게 신비한 힘

〈표 2〉 자타카의 주제

주제범주	하위 주제 범주	(경번호) 제 목	계(65)	
도덕 윤리성 주제	이타적 행동	(12)용수록의 전생 (23)준마의 전생 (50)무지의 전생 (257)가마니찬다 농부의 전생 (316)토끼의 전생 (347)쇠망치의 전생 (371)장재구살라왕의 전생 (407)큰 원숭이의 전생 (483)사라바사슴의 전생 (506)참페야의 전생	10	36
	행위에 대한 과보	(3)탐욕상인의 전생 (28)환희만이라는 소의 전생 (29)검은 소의 전생 (38)청로의 전생 (42)비둘기의 전생 (73)참말의 전생 (91)독바르는 전생 (124)암라열매의 전생 (128)고양이의 전생 (136)금빛거위의 전생 (157)유덕의 전생 (189)사자가죽을 쓴 나귀 (204)비라카까마귀의 전생 (270)올빼미의 전생 (288)고기떼의 전생 (305)험덕의 전생 (308)속질조의 전생 (315)고기의 전생 (326)각카루꽃의 전생 (335)승냥이의 전생 (357)메추리의 전생 (359)금록의 전생 (389)금빛 게의 전생 (397)의생사자의 전생 (400)담바풀꽃의 전생 (534)큰 거위의 전생	26	
지혜 인내 주제	지혜로운 생활	(1)희론이 없는 전생 (5)볏짚의 전생 (14)풍록의 전생 (20)노음촌의 전생 (22)개의 전생 (33)화합의 전생 (37)자고새의 전생 (54)과실의 전생 (137)고양이의 전생 (208)악어의 전생 (218)사기꾼 상인의 전생 (283)공장양저의 전생 (352)선새 거사의 전생 (383)닭의 전생 (398)수타나 청년의 전생 (437)푸티만사승냥이의 전생	16	20
	끈기있는 생활	(2) 모랫길의 전생 (4) 출라재판의 전생 (215) 거북이의 전생 (387) 바늘의 전생	4	
초월적 신비의 주제	인간에게 신비한 힘 부여	(48) 베답바라는 주문 (432) 발자국을 아는 동자	2	9
	동물에게 신비한 힘 부여	(196) 운마의 전생 (241) 일체아시의 전생 (521) 세 마리 새의 전생	3	
	초월적 존재	(78) 일리사 장로의 전생 (220) 법당의 전생 (449)빛나는 귀고리	3	
	다른 세계의 삶	(457) 법천자의 전생	1	

부여가 2편, 동물에게 신비한 힘 부여가 3편, 초월적 존재가 3편, 다른 세계의 삶이 1편으로 나타나 있다.

이들 각 주제에 관한 분명한 이해와 세부 내용 파악을 위하여, 도덕·윤리성 주제 범주, 지혜 인내 주제 범주, 초월적 신비 범주별로 분석한 결과를 정리해 보면 다음과 같다.

(1) 도덕·윤리성 주제

도덕·윤리성 주제는 도덕성 발달과 연관되는 중요한 내용이라 할 수 있다. 분석된 자타카에 제시된 도덕 윤리성 주제는 크게 이타적인 행동과 행위에 따른 과보에 관한 내용으로 구별되어 나타났다.

①이타적인 행동(보살행)

이타적인 행동이란 남을 위한 행위 전반을 의미하는 것으로 보살행이라 불려진다. 이를 좀 더 자세히 살펴보자면, 보살이란 범어 보디사트바(Bodhi-Sattva)의 한자 발음 표기인 보리살타(菩提薩埵)의 준말로, 지혜가 구비된 대심(大心), 대쾌심(大快心), 부동심(不動心)과 무아(無我)의 대자비심(大慈悲心)으로 자리이타(自利利他)의 육바라밀을 실천하여 무상정등각(無上正等覺)을 성취코자 하는 성자이다.

즉 보살은 깨달음을 얻기 위하여 수도에 힘쓰되 사홍서원(四弘誓願; ① 중생을 다 건지오리다(衆生無邊誓願度), ② 번뇌를 다 끊으오리다(煩惱無盡誓願斷), ③ 법문을 다 배우오리다(法門無量誓願學), ④ 불도를 다 이루오리다(佛道無上誓願成))과 육바

〈 표 3 〉 이타적인 행동(보살행) 주제

경번호	제목	보살 행위의 내용			
		보 시	구 제	희 생	생명의 존중
12	용수록의 전생		**	*	
23	준마의 전생	*	*	**	
50	무지의 전생				**
257	가마니찬다농부의 전생	*	**		
316	토끼의 전생	**			*
347	쇠망치의 전생				**
371	장재 구살라왕의 전생	**	*	*	*
407	큰 원숭이의 전생		*	**	
483	사라바사슴의 전생	**	*		*
506	참페야의 전생		*		**

＊ 해당 주제가 나타난 것   ＊＊ 해당 주제의 강도가 높은 것

라밀(布施, 持戒, 忍辱, 精進, 禪定, 智慧)을 실천하여 정토(淨土)를 이루고자 노력하는 사람이다.

 이러한 보살행을 주제로 다룬 자타카는 〈표 3〉에 제시되어 있다. 표를 보면 그 내용상 강도가 높은 것은 '＊＊'로 표기되어 있고 조금씩 그 내용이 보이는 것은 '＊'로 표기하였으며, 그 중 강도가 높은 것을 중요 주제로 삼았다.

 위의 〈표 3〉에 나타난 바와 같이 자타카에서 보살행의 주제로 분류된 것은 총 10편으로 이것을 내용상으로 더 세분하여 구분해 본다면, 보시 주제가 3편, 구제 주제가 2편, 희생 주제가 2편, 생명존중 주제가 3편이다.

한편 그 구체적인 행동을 보다 심도 있게 이해하기 위해 이 가운데 보살행을 가장 잘 나타내고 있는 설화를 살펴보고자 한다. 보살의 이타적인 행동의 하나인 보시를 나타내는 대표적인 설화는 자타카 경 번호 316 「토끼의 전생」이다.

옛날 범여왕이 바라나시에서 나라를 다스리고 있을 때, 보살은 토끼로 태어나 숲 속에서 살고 있었다. 그 숲은 한쪽은 산기슭이요, 한쪽은 강이며 또 한쪽은 벽촌이었다. 그에게는 또 원숭이와 승냥이와 수달 등 세 마리 친구가 있었는데, 이 네 마리는 모두 현명한 동물들로 각기 제 먹이 장소에서 먹이를 먹고는 해가 저물면 한 곳에 모였다.

현자 토끼는 보시를 하고, 계율을 지키고 참회할 것을 말하며, 그 세 마리를 훈계하는 마음으로 설법하였고, 원숭이, 승냥이, 수달은 토끼의 훈계를 듣고 제 집으로 돌아갔다.

그들은 각각 먹이를 구하러 나가 먹을 것을 발견하면 '주인이 있는가?' 하고 세 번 외치고 나타나지 않으면 가지고 와 때가 되면 먹었다. 그런데 계율을 지키고 보시를 행하는 자자일(自恣日)에 제석천왕이 이들을 시험해 보기 위해서 굶주린 노인으로 나타났다.

이에 수달은 생선 일곱 마리를, 승냥이는 고기를, 원숭이는 열매를 노인에게 주었다. 하지만 토끼는 보시를 하라는 말에 기뻐하면서 자신의 몸을 주겠다고 하였다. 제석천은 이 말을 듣고 숯불을 피워 놓았고, 토끼는 몸을 세 번 흔들어 떨고 전신을 보시의 방향으로 향해 뛰어

올랐다. 토끼는 떼지어 핀 연꽃 속에 백조가 앉는 것처럼 기쁜 마음으로 큰 숯불 속에 떨어졌다.

  그러나 그 불은 토끼의 털 하나도 태우지 못했다. 그러자 토끼는 제석천에게 그 이유를 물었고, 그때서야 제석천은 당신을 시험하기 위함이었음을 말해 주었다. 제석천은 토끼의 보시행을 널리 알리기 위해 산(山)을 쥐어짜 그 즙을 내어 달에 토끼모습을 그렸다.

  그리고 보살(토끼)을 그 숲의 덤불 속으로 불러 싱싱한 답바풀 위에 눕히고는 자신은 천상으로 돌아갔다. 그리하여 네 마리의 현자들은 사이좋고 즐겁게 계율을 지키고 선(善)을 행하다가 죽어서는 각기 제 날 곳에 태어났다.

  위 불전 설화에서 등장한 토끼에 대해 잠시 살펴보자면, 우리 나라의 설화 및 전래동화에 나오는 토끼는 예지의 동물로, 지혜로 위기를 넘긴 토끼, 악한 자를 함정에 빠뜨리는 토끼, 제 꾀에 넘어간 토끼 등으로 자주 등장한다. 그러나 불전의 토끼는 자신을 보시하여 기아(飢餓)에 빠진 노인을 구하고 진리의 사자가 되기를 맹세하는 보살로 등장하고 있으며, 또 자신을 보시하는 데도 타인으로 하여금 살생의 업을 짓지 않게 스스로 소신공양(燒身供養)의 길을 택하고 있다.

  이러한 달 속의 토끼에 관한 이야기는 우리 나라의 전통 설화에서도 찾아볼 수 있으며, 구비 동요 및 전래 가사에도 전하고 있다. 고대 인도 사람들은 달을 샤신(sasin) 즉 회토(懷兎)라 했고, 중국에서는 옥토(玉兎), 한국에서는 옥토끼라고 부르는데, 이것은 모두 달이 토끼를 안고 있다는 회토 사상(懷兎 思想)에서 유래되었다. 또한 달에는 계수 나무가 있고 토끼가 그것을 빻아

환약을 만들고 있다고 하는데, 동남아 일대에서 계수나무를 약재로 널리 쓰고 있는 것으로 보아, 토끼의 보시 정신에서 유래한 것으로 보인다.

즉, 그 근원을 자타카의 토끼 본생에서 찾을 수 있는 것으로, 이것은 우리 나라와 중국 등에 불교의 토착화와 더불어 민속 설화로 정착되었다고 할 수 있다.

또한 자타카 경 번호 371「장재구살라왕의 전생」은 타인을 용서하고 사랑의 보시를 강조하는 내용이다.

보시를 좋아하는 고오사라국의 장수왕은 이웃 나라 가아시 국왕에게 침략을 당해서 나라를 내주고 떠돌다가, 장수왕의 명성을 듣고 찾아온 가난한 바라문을 돕기 위해 자신의 목숨을 내주었다. 때문에 그의 아들 장생 태자(보살)는 아버지의 원수를 갚기 위해 가아시 국왕의 시자(侍者)가 되어 기회를 노리고 있었다.

어느 날 장생 태자는 숲 속에서 자기 무릎을 베고 누워 자는 바라나시왕을 보고 복수의 때가 왔음을 알고, 그의 상투를 쥐고 칼을 들었다. 그러나, 그 찰나에 돌아가신 양친이 준 "원한을 원한으로 갚으면 끝이 없다. 사랑으로 이를 갚으라"는 교훈을 생각하고, 가아시왕에게 그간의 일들을 사실대로 말하고 다음과 같은 게송을 읊었다.

왕이여, 지금 복수의 때가 되어
너를 마음대로 할 수 있는 내가
이 괴로움에서 벗어나기 위해서는
거기 어떠한 도리가 있는가?

그러자 왕은 다음과 같은 게송으로 답하였다.

나를 마음대로 할 수 있는 네가
그 괴로움에서 벗어나기 위해서는
거기 아무런 도리도 없다.

이에 보살은 다음과 같이 아버지가 준 교훈을 말하였다.

좋은 말 이외에
아름다운 말 이외에
죽을 때 그를 보호할 것 없나니
어떠한 보배도 또한 그렇다.
그는 나를 꾸짖었고 나를 때렸다.
나를 이겼다. 내 것을 빼앗았다.
이런 생각을 가진 사람은
그 분노가 쉴 때 없나니
이런 생각을 하지 않는 사람은
그 분노가 곧 풀어진다.
분노를 분노로 갚으면
그 분노는 끝내 사라지지 않나니
사랑으로 그것을 안정시켜라
그것이야말로 영원한 법이니라.

 게송을 읊고 난 장생 태자는 가아시왕에게 차라리 자신을 죽여 달라고 부탁하며 왕의 손에 칼을 쥐어 주었다.
 그러나 결국 보살은 가아시왕의 뉘우침을 얻어 그와 함께 수도로 돌아오게 되고, 가아시왕은 그를 대신들에게 소개하며 그

딸을 아내로 주고, 그 부왕의 것이었던 왕위에 앉혔다. 그 뒤로 그들은 사이좋게 지내면서 나라를 다스렸다.

 이 이야기는 좁게는 보시를 강조하고 있지만, 더 넓게는 장생태자로 하여금 심한 갈등을 겪은 끝에 증오의 충동을 극복하고 아버지의 유언을 기억하여 깨닫게 하여 궁극적으로는 불교적 해탈(解脫)의 세계에 도달하게 한 것이라고 말할 수 있다. 더불어 악을 악으로 갚지 않을 때, 그 악이 소멸되고 선으로 향할 수 있다는 교훈을 주고 있다.
 한편 자타카 경 번호 483「사라바 사슴의 전생」에서는 곤경에 처한 국왕을 도와주고, 왕이 은혜를 갚으려 하자, 널리 보시할 것을 이야기하고 있다.

 옛날 범여왕이 바라나시에서 그 나라를 다스리고 있을 때, 보살은 사라바 사슴으로 태어나 숲 속에 살고 있었다. 그 때 왕은 사냥을 즐겨 했으며, 힘이 세고, 사람을 사람으로 생각하지 않는 무서운 성질을 가지고 있었다.
 어느날 왕이 사냥하러 나가면서 대신들에게 사라바 사슴을 잡을 것이라고 말했다. 그리하여 사람들은 먼저 왕을 길가에 세워 두고 큰 덤불을 포위하여 막대기 등을 가지고 땅을 두들겼다. 사라바 사슴은 처음에는 덤불 속을 세 번 뛰어 돌면서 달아날 틈을 엿보았다. 그러나 사람들이 손에 활을 들고 빈틈없이 주위에 서 있음을 보고 어찌할 수 없었다. 오직 왕이 서 있는 한쪽에 틈이 있음을 본 사슴은 눈을 번뜩이며 자갈을 던져 날리는 듯한 형세로 왕의 바로 앞으로 달려나왔다. 왕은 사슴이 나는 듯 달려오는 것을 보고 곧 활을 쏘았으나 실패하고 말았다.
  대체로 사라바 사슴이라는 동물은 화살을 교묘히 피한다. 화살이 앞에서 날아오면 급히 멈춰 서고, 뒤에서 오면 등을 굽혀 피하고, 옆에서 오면 몸을 조금 뒤틀어 피하며, 배 한복판으로 오면 몸을 둥글게 하여 넘어진다. 이렇게 하여 화살이 날아간 뒤에는 마치 바람이 검은 구름을 불어 날리는 듯 마구 도망쳐 달아난다. 왕은 그 사슴이 몸을 둥글게 해 쓰러진 것을 보고 사슴을 잡았다고 큰소리로 외쳤다.
  그러나 사라바 사슴은 곧 일어나 바람처럼 빨리 사람들의 포위망을 뚫고 달아나 버렸다. 그때 양쪽에 선 신하들은 아무것도 하지 않은 채 왕에 대한 농담을 하고 있었다. 그것을 본 왕은 사라바 사슴을 잡는다고 하면서 사슴의 뒤를 쫓아 숲 속으로 뛰어들어갔다. 그런데 사라바 사슴이 가는 길에는 깊이 육십 주나 되는 큰 구덩이가 있었다. 사슴은 냄새를 맡아 이것을 피했으나 왕은 바로 달려가다가 미처 피하지 못하고 그 구덩이에 빠져 버렸다.
  사슴은 왕이 그 구덩이에 빠진 줄을 알고 거기 가 보았더니 과연 왕은 깊은 물 속에 바로 서지도 못하고 허우적거리면서 몹시 괴로워 하고 있었다. 사슴은 왕이 그에 대해 저지른 죄 따위는 벌써 마음에 없고 가엾은 생각만 가득하여 구덩이에서 왕을 꺼내 주었다. 그리고 왕을 안아 등에 업고 숲을 나와 왕의 군대가 있는 곳에서 그다지 멀지 않은 장소까지 와서 내려놓았다. 그리고 왕에게 충고하며 오계를 지키도록 맹세시켰다.

  일반적으로 은혜를 갚으면 보은은 그 당사자에게 하기 마련인데 이 설화에서는 은혜를 느낀다면 그것을 다른 중생에게 널리 베풀 것을 전하고 있다. 이렇게 자타카에 나타나고 있는 보시 행위는, 자신의 가장 중요한 목숨까지도 어려움에 처한 사람에게 내어 주며, 그 대가를 바라기보다 자신은 물론이거니와 상대방도 그로 인해 선행하기를 서원하고 있다. 이것은 전래 동화에서 흔히 보이는 선행을 베푼 뒤에 어떤 형태든 돌려 받는 은덕(恩德)을 뛰어 넘어 모두가 함께 선을 이루는 진정한 선의 극치라 할 수 있을 것이다.

보살의 자리이타(自利利他)를 실천하는 인간상은 인간 형성 이론이라는 측면에서 볼 때 중요한 의미를 지니고 있다. 자리이타의 생활은 별개의 다른 삶의 형태가 아니라, 상호 의존적인 행위이면서도 삶 속에서 동시 통합적으로 구현되는 성질의 것이다. 다시 말하면, 자기 완성이 자비로운 대타적(對他的) 활동을 통해 이루어지는 것이다.

한편 경번호 257「가마니챤다 농부의 전생」은 그러한 이타적 활동을 잘 표현하고 있는 훌륭한 예문이다. 가마니챤다가 처음 자신의 고통을 해결하기 위해 길을 떠났는데, 가는 도중에 다른 사람들의 고통도 떠맡아 간다. 그러나 결국 왕에게 가서 자신의 문제도 해결되고 다른 사람들의 문제도 해결하게 되는데, 그 해결 과정에서 저절로 복이 이루어지게 된다.

옛날 결민이라는 왕이 바라나시에서 나라를 다스리고 있을 때, 보살은 왕자로 태어났다. 그 얼굴은 황금의 거울 같아서 깨끗하고 장엄하였으므로, 임금은 왕자의 이름을 경면(鏡面)이라 하였다. 왕은 그에게 세 가지 베다(Veda)와 이 세상에서 하지 않으면 안 될 일을 모두 가르치다가 왕자가 일곱 살 되던 해에 죽었다.

대신들은 왕의 장례를 성대히 치르고 이레 동안 공양한 뒤에 궁정에 모여 왕자를 시험해 본 다음 왕위에 나아가게 할 것을 의논하였다. 왕자는 대신들의 시험에 합격하였고, 현명한 경면 왕자는 왕위에 오르게 되었다. 대신들은 경면왕의 칙령이라 하여 징을 쳐 온 성내에 이를 알렸다. 그 뒤로 보살이 나라를 잘 다스렸으므로 그가 현명하다는 평판은 온 나라에 두루 퍼졌다.

한편 보살이 왕위에 나아가자, 결민왕의 시복(侍僕)이었던 가마니챤다는 성에서 떨어진 어느 시골에 가서 살았다. 그러나 그에게는 농사 지을 소가 없었다.

그는 친구에게 소 두 마리를 빌려 밭을 갈고 그 주인에게 소를 돌려주러 갔다. 소가 그 집으로 들어갔을 때 친구가 그에게 밥을 주려고 하지 않자 미운 마음에 직접 전하지 않고 돌아와 버렸다.

그 날밤 어떤 도둑이 소를 훔쳐 가버렸고, 친구는 가마니챤다에게 와서 자기의 소를 돌려 달라고 하였다. 결국 가마니챤다는 누명을 쓰고 임금님께 재판을 받으러 가게 되었는데, 도중에 배가 고파서 친구가 사는 어느 마을에 들어갔다.

그는 배가 너무 고파서 혼자 친구의 집에 갔는데 친구는 집에 있지 않았다. 친구의 아내는 가마니챤다에게 음식을 해주려고 하다가 사다리에서 떨어져 그만 아이가 유산되고 말았다. 그 때 남편이 돌아와 분한 마음에 가마니챤다에게 임금에게 가자고 하였다.

세 사내가 어느 마을 입구에 이르렀을 때 어떤 마부가 말을 다루지 못해 고생하고 있었다. 마부는 가마니챤다를 보고 잡아 달라고 하였다. 그래서 가마니챤다가 돌 하나를 집어 던졌는데 그

돌에 맞아 그만 말 다리가 부러지고 말았다. 그래서 마부도 왕에게 가서 재판을 하자고 하였다.

가마니챤다는 그들과 함께 걸어가다가 차라리 죽는 것이 낫다는 생각이 들었다. 그래서 자살하려고 벼랑 위에서 몸을 던졌으나 그만 밑에서 바구니를 엮던 어떤 아버지의 머리 위로 떨어지고 말았다. 그래서 그 아버지가 그 자리에서 죽고 가마니챤다는 살아 남았다. 기가 막힌 그 아들도 왕에게 가자고 하며 가마니챤다의 손을 붙잡고 숲 속에서 나왔다.

그 때에 다른 마을 입구에서 어떤 촌장이 가마니챤다를 보고 어디로 가는지 물었다. 왕에게 간다고 하자, 그 촌장은 예전과 달리 지금은 가난하고 황달병에 걸린 까닭을 물어 달라고 하였다. 또 걸어가다가 어느 마을 입구에서 창녀 한 사람이 그를 보고 이전에는 수입이 많았는데 지금은 수입도 없고 아무도 자기에게 오지 않는 이유를 왕에게 물어 달라고 하였다.

또 걸어갔을 때 어느 마을 입구에서 어떤 젊은 여자가 그를 보고 시가와 친정에서 살 수 없는 이유를 물어 달라고 했다. 거기서 또 더 나아갔을 때 길가의 개미 둑에 사는 뱀 한 마리가 그에게 말했다.

먹이를 찾으러 나갈 때에는 굶주려서 몸이 가는데 비해 좁은 구멍으로 어렵게 빠져나가는데, 들어올 때는 배도 부르고 몸도 커져 있지만 구멍에 몸이 스치지 않고 수월하게 들어오는 이유를 왕에게 물어 보고 말해 달라고 하였다.

또 더 나아갔을 때 사슴 한 마리가 그를 보고 오직 한 장소에서만 먹이를 먹을 수 있는 이유를 물어 달라고 하였다. 거기서 또 더 나아갔을 때 더펄새 한 마리가 그를 보고 어떤 산기슭에 앉았으면 유쾌하게 울 수 있지만 다른 장소에 앉으면 울 수 없다며 까닭을 알아 달라고 하였다.

또 더 나아갔을 때 어떤 목신(木神)이 그를 보고 이전에는 사람들의 숭배를 받았지만 지금은 한 줌의 어린 가지만큼도 얻지 못하는 이유를 물어 달라고 하였다. 거기서 또 더 나아갔을 때 어떤 용왕이 그를 보고 전에는 이 호수가 보옥(寶玉)처럼 맑았는데 지금은 떠도는 찌꺼기에 덮여 있는 이유를 물어 달라고 하였다.

또 더 나아갔을 때 성 가까운 어느 동산에 살고 있는 어떤 고행자가 그를 보고 동산에서 나는 과일이 모두 맛이 없고 나쁘게 된 이유를 알아 달라고 하였다.

거기서 더 나아갔을 때 성 가까운 어떤 집에 사는 젊은 바라문들이 그를 보고 이전에는 그들에게 안긴 문제들을 모두 풀었는데 지금은 마개가 열려 쓰러진 병에 든 물처럼 조금도 머리에 남지 않고 깜깜하여 없는 까닭을 물어 달라고 하였다.

이제 주인공인 가마니챤다는 결국 임금님께 재판 받으러 가는 도중 자신의 문제가 극한 상황에 까지 몰려 어려움에 처할 뿐 아니라 10명의 다른 사람들의 부탁까지 받은 처지가 된 것이다.

즉 자신의 문제를 안고 떠날 때에는 심리적으로 몹시 갈등을 보여 결국 자살하기 위해 절벽에서 떨어지기까지 하지만, 이야기가 진행되면서 임금님께 재판을 받으러 가는 자신의 일차 목적이 이차적인 것으로 밀려나고 챤다는 다른 사람의 고통을 구제하기 위해 흔쾌히 문제를 떠맡은 채 길을 가는 것이다.

여기서 자신의 문제에 대한 내면적 갈등이나 고통은 다른 사람의 문제가 나타나면서부터 전혀 언급되지 않고 있다. 이 이야기는 다음과 같이 계속된다.

결국 성에 도착한 가마니챤다는 임금님을 만났다. 왕은 법정에 앉아 무슨 일로 왔는지를 물었다. 그는 자신의 네 가지 문제와 이상의 열 가지 다른 사람의 문제를 임금님께 고했다.

그러자 지혜로운 경면 왕은 마치 일체 지혜를 가진 부처님처럼 모든 것을 설명해 주었다. 먼저 가마니챤다 자신의 문제는, 소를 빌린 사람은 그것을 빌린 주인집에 소를 갖다 놓았고, 소주인은 그것을 보았다. 그러나 다음날 소가 없어진 것을 발견한 주인은 가마니챤다가 소를 훔쳐 갔다고 주장하는 것이다.

임금님은 이것을 해결하는 방법으로, 가마니챤다가 직접 소 주인의 손에 쥐어 주지 않았으니 소값을 지불하고, 소 주인은 본 것을 보지 않았다고 하니 눈을 빼라고 판결한다. 그러자 소 주인은 깜짝 놀라, 소 값을 받지 않겠다고 뉘우친다. 이와 같은 방법으로 나머지 자신의 문제도 어린 임금의 지혜로 슬기롭게 해결한다.

또 재미있는 것은 다른 사람의 문제를 해결할 때 가마니챤다는 마지막 사람의 문제부터 임금님께 말하고 임금님의 해결에 따라 마지막 젊은 바라문의 문제부터 해결하면서 돌아온다.

자타카에 실린 이 설화는 나선(螺線) 형식(spiraleform)의 구조를 이루고 있는데, 그림형제 동화에서 「금머리카락 세 개 있는 도깨비, 콘도르새」에서 주인공이 문제 해결을 위해 만난 순서대로 물어보는 것과는 매우 대조적이다. 이어 〈그림 1〉은 가마니챤다의 문제해결 방식을 체계적으로 도형화한 것이다.

〈그림 1〉을 보면, 임금님은 가마니챤다에게 다른 중생의 문제를 해결해 주면서 뱀, 사슴, 더필새의 꿀이나 보물 항아리는 그에게 가지라고 명령한다.

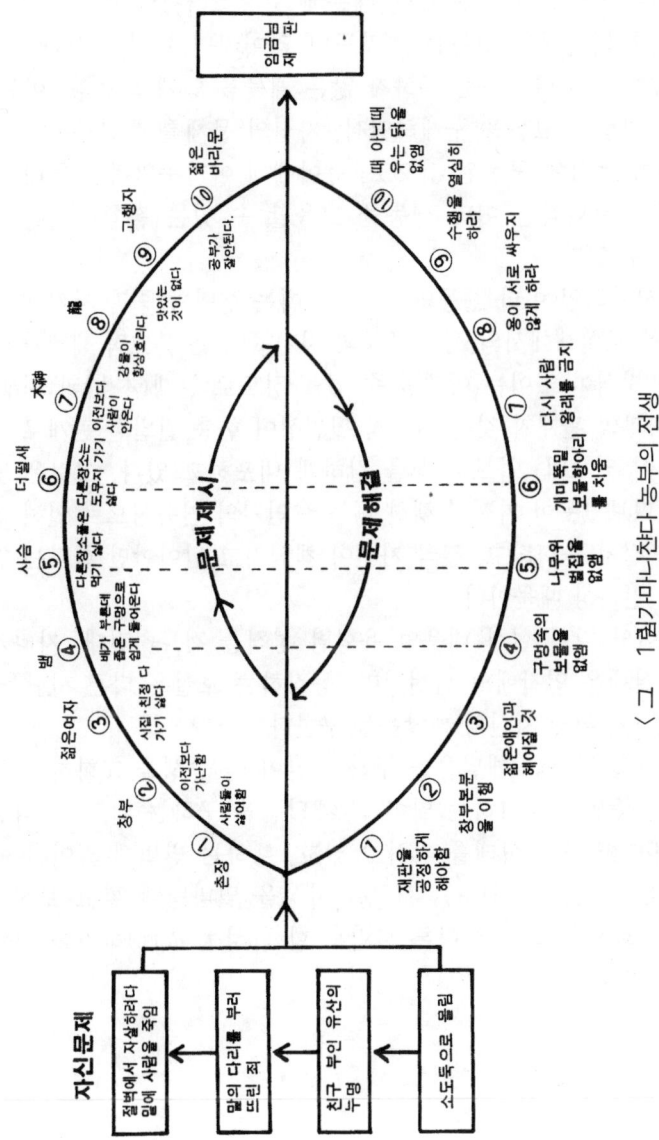

〈그 1 큼가마니친다 놀부의 전생〉

때문에 그 꿀이나 보물 때문에 고통스러웠던 뱀과 사슴, 그리고 더펄새의 고통은 그것들이 없어지면서 자연히 해결되었으며, 가마니찬다는 뜻하지 않은 재물을 얻게 되었다. 이는 다른 사람의 고통을 구제하면서, 자신의 문제를 해결하는 자리이타가 동시에 구현된 것으로, 유아에게 이기주의적인 현대 사회에서 사회적인 이타 행동을 교육할 수 있는 훌륭한 교훈이라 할 수 있다.

사회적인 이타 행동의 또 다른 예는 생명 존중과 자기 희생이다. 보살행에서의 생명 존중과 자기 희생은 불교적 세계관에 대한 지식이 없이는 이해할 수 없을 정도로 본생(本生)과 현생(現生)과의 관계가 갖는 인과적 필연성이 한층 긴밀한 관계로 접속되어 있으며, 업보 사상을 강하게 내포하고 있다. 그것은 앞서 살펴보았듯이 자신이 행한 행동은 연기의 연속성으로 인해 삼세에 걸쳐 윤회되고, 결국 자신이 책임지고 받아야만 한다는 연기의 인과성 때문이다.

이와 같이 설화 내용의 유형별 성격을 검토하건대, 자타카의 보살행은 인간애의 발현이며, 등장하는 보살은 다른 사람을 구제하기 위해 자신의 깨달음을 구한다.

다시 말하면 깨달음을 구하는 일이 곧 중생을 교화하는 일이고, 중생을 교화하는 일이 곧 깨달음을 구하는 일로, 상의상자(相依相資)의 형태를 취하고 있고, 행하는 방법에 있어서는 자(慈), 비(悲), 희(喜), 사(捨) 사상을 밑바탕에 깔고 보시, 구제, 희생을 하면서 다른 사람도 함께 성불(成佛)하기를 서원하고 있다.

② 행위에 대한 과보(인과응보)

　인과응보라는 불교의 업 사상은 연기론에서 비롯되었다. 연기의 교설은 본래 우주만유(宇宙萬有)가 서로 서로 연이 되어서 생멸 변화(生滅 變化)하고 유지 상속된다는 가르침이다.
　이 학설은 소승 불교의 설일체유부(說一切有部)에서 교리를 대단히 분석적이고도 형식적인 방향으로 발전시키면서, '업이 원인(hetu)이 되어 반드시 그에 상응하는 업보(kamma-vipaka)가 있다(若有故作業 我說彼必受其報 或現世受 或後世受 若不故作業 我說不必受報)'는 인과응보의 윤회 이론으로 조직된 것으로 (중아함경 권 제3, 고려대장경 17), 이것이 곧 "선인에는 반드시 선과가 있고, 악인에는 반드시 악과가 있다(有情世間及器世間 各多 差別 如是差別 由誰而生... 但由有情業差別起)"는 업감연기설(業感緣起說)이다(아비달마구사론 권 제13, 고려대장경 27).
　이러한 불교 교리의 이해를 돕고자 불타는 곳곳에서 비유를 들어 인과응보를 말씀하였는데, 때문에 대상 설화에서 분류한 자타카 65편 중 행위에 대한 과보가 가장 많은 26편을 차지하고 있다.
　한국 고대 소설이 권선징악의 교훈성을 그 밑바닥에다 짙게 깔고 있고, 동서양의 전래 동화에서도 역시 그 주제가 주종을 이루고 있음을 볼 때, 착한 사람은 복을 받고 악한 사람은 벌을 받는다는 믿음은 세계인이 공통으로 가지고 있는 의식이라 해도 무리는 아니라고 할 수 있겠다.
　한편 자타카 중 행위에 대한 과보 주제로 분류된 26편을 내용별로 나누어 보면, 〈표 4〉에서와 같이 탐욕을 경계하는 것이 7편, 말의 가치가 4편, 정직 또는 진실이 4편, 보은이 5편, 우정이 2편, 교만이 4편으로 나타나고 있으며, 이러한 내용은 다시

〈표 4〉 행위에 대한 과보(인과응보) 주제

경번호	제 목	인과응보의 내용					
		탐욕 경계	말의 가치	정직 (진실)	보은	우정	교만
3	탐욕상인의 전생	**					
28	환희만이라는 소의 전생		**				
29	검은 소의 전생				**		
38	청로의 전생	*		**			
42	비둘기의 전생	*					
73	참말의 전생				*		
91	독바르는 전생	*		**			
124	암라열매의 전생				**		
128	고양이의 전생			**			
136	금빛거위의 전생	**					
157	유덕의 전생				*		
189	사자가죽을 쓴 나귀	**					
204	비라카까마귀의 전생						**
270	올빼미의 전생		**				
288	고기떼의 전생	**					
305	험덕의 전생			**			
308	속질조의 전생				**		**
315	고기의 전생		*				
326	칵카루꽃의 전생	**		*			
335	승냥이의 전생						**
357	메추리의 전생						**
359	금록의 전생				**		
389	금빛 게의 전생					**	
397	의생사자의 전생		**				
400	담바풀꽃의 전생	**					
534	큰 거위의 전생					**	

* 해당 주제가 나타난 것   ** 해당 주제의 강도가 높은 것

몸으로 짓는 업, 말로 짓는 업, 마음으로 짓는 업으로 나누어진다.

불타는 이러한 인과응보를 설하면서 인(因)으로 해서 과(果)를 초래하는 형태가 선업(善業)이든 악업(惡業)이든지간에 몸과 입, 마음의 세 가지 업으로 일어난다 하였다. 또 이러한 업을 짓는 형태는 어떤 대상에 대한 '좋다', '나쁘다', '좋지도 나쁘지도 않다'의 세 가지 형태에 의해서 이루어진다고 설하고 있다.

그리고 '이 세 가지 업 중 마음으로 짓는 업을 가장 중요한 것으로 여기고, 이것으로 인하여 만들어진 것이 곧 몸과 입의 업이다(世別由業生 思及思所作 思卽是意業 所作謂身語)'고 말하고 있다(아비달마구사론 권 제13, 고려대장경 27).

㉮ 몸으로 짓는 업의 과보.

몸으로 인한 악업을 경계한 설화의 내용으로는 탐욕을 경계하고, 은혜를 갚으며, 정직한 것이 해당되는데, 지나친 욕심으로 인해 결국 파산을 초래한 탐욕의 설화 자타카 경 번호 136「금빛거위의 전생」이다.

옛날 범여왕이 바라나시에서 나라를 다스리고 있을 때 보살은 어떤 바라문의 집에 태어났다. 그는 성년이 되어 같은 바라문족의 처녀와 결혼하였고, 난다, 난다부티, 순다리난다라는 세 딸을 낳았다. 보살이 죽게 되자 그 아내는 세 딸과 함께 남의 집에 가서 고용살이를 하고 살았다.

그 때에 보살은 금빛 거위로 태어나 숙명지(宿命智)를 갖추고 있었다. 그는 자라나자 금빛 털에 덮인 아름다운 모습이 되었다. 그는 선정에 들어 자신을 살펴본 즉, 자신이 인간 세상에서 왔으며, 자기의 아내와 세 딸이 매우 곤란하게 살고 있음을 알게 되었다.

그는 몹시 연민을 느끼고 그들 가족이 사는 집으로 가서 그 들보 위에 앉아 있었다. 그리고 자신의 깃 하나를 빼어 주고서 그것을 팔아 생활하도록 하였다.

그 아내와 딸들은 거위의 깃털을 팔아서 부유하고 행복하게 살았다. 그런데 어느 날 욕심 많은 아내는 딸들에게 그 깃털을 모두 뽑자고 말하였다. 그러나 딸들은 찬성하지 않았다. 그리고 어느 날 거위가 왔을 때 그를 가까이 오라고 불러 두 손으로 붙잡고 그 깃을 모두 뽑아 버렸다.

그 뜻을 거역하여 폭력으로 뽑았기 때문에 황금 거위의 깃은 모두 두루미의 깃처럼 되었고, 보살은 날개를 벌렸으나 날을 수가 없었다. 그래서 아내는 그를 큰 병 속에 넣어 두고 먹이를 주어 길렀다. 그러나 그 뒤로 난 깃은 모두 흰 것이었다.

그리고 깃털이 다 자란 거위는 제 집으로 날아간 뒤 다시는 돌아오지 않았다.

위의 설화는 이미 우리에게 익숙하게 알려진 이솝우화 「황금알을 낳는 거위」와 상당히 유사한 내용이다. 단지 이솝우화에서는 황금알을 한꺼번에 얻기 위해 배를 갈라 보니 배 속에 알이 없고 결국 거위는 죽음을 당하고 마는 데 반해, 자타카에서는 황금알이 황금 털로 표현되고 거위가 죽는 대신 날아가 버리고 마는 내용이 실려 있다.

이것을 볼 때 욕심으로 인하여 모든 행복이 사라져 버리고 마는 비슷한 내용이지만 그것이 담고 있는 심오한 의미는 사뭇 다르다.

즉, 이솝우화에서는 욕심으로 당사자가 더 이상의 부를 놓치고 과보를 받는 동시에 거위의 목숨도 잃게 되지만, 자타카의 금빛거위의 전생에서는 그 당사자만 과보를 받는 것으로 그치고, 거위의 생명은 유지하게 된다.

이것은 곧 중생은 육도 윤회 중 어떤 형태로든지 태어날 수 있고, 나아가 생명을 중시하는 불교적 삶의 태도에서 기인했다고 할 수 있다.

한편 초월적인 존재가 요술적인 물건으로 인간에게 탐욕을 경계하는, 자타카 경 번호 326 「각카루꽃의 전생」은 각각 다른 차원의 세계가 같은 모습으로 연결되고, 또한 초월적인 존재가 인간과 동등한 형태로 교류한다.

옛날 범여왕이 바라나시에서 나라를 다스리고 있을 때 보살은 삼십 삼천의 어떤 천자였었다. 그 때 바라나시에는 큰 제전이 거행되어 많은 용과 금시조와 지상의 천자(天子)들이 이 제전을 보러 왔다.

삼십 삼천에서도 네 사람의 천자가 각카루라는 천상의 꽃으로 화환을 만들어 제전을 보러 왔다. 십이유순이나 되는 수도는 이 화환 때문에 매우 향기로웠다.

호기심 많은 인간들은 그 꽃을 누가 장식하고 있는지 알아보려고 돌아다녔다. 천자들은 사람들이 자신들을 찾으러 다니는 것을 알고 큰 위신의 힘을 부려 왕궁 앞뜰의 허공에 올라 머물러 서 있었다.

많은 사람들이 모였고, 왕과 부왕도 다른 대신들과 함께 나왔다. 그리고 그 천자들에게 각카루꽃을 달라고 말했다. 천자들은 이 꽃은 인간 세계의 야비하고 어리석은 마음이 천박하고 품행이 나쁜 자에게는 어울리지 않으며, 오직 '도둑질하지 않은 자, 거짓말을 안하는 자, 마음으로부터 나쁜 생각을 일으키지 않은 자' 만이 쓸 수 있다고 하였다.
 여기서 천자가 말한 조건이 바로 몸과 입과 마음의 세 가지 업을 가리키며, 이를 조작하는 원동력이 탐욕의 번뇌인 셈이다.

 천자들의 말을 들은 한 사제관은 문득 욕심이 생겼다. 그래서 자신이 그 덕을 다 갖춘 사람이라고 속임수를 써서 화환을 얻어 자신의 머리에 장식하였다. 그러자 천자들은 네 개의 화환을 그 사제관에게 모두 주고 천상으로 돌아가 버렸다.
 그러나 천자들이 떠난 뒤에 사제관은 머리에 큰 고통을 느꼈다. 마치 날카로운 칼날로 쑤시는 듯 쇠로 된 기계로 꽉 누르는 느낌이었다.
 그는 그 고통 때문에 정신을 잃고 큰 소리로 울었다. 사람들이 왜 그러느냐고 물었을 때, 그는 거짓말을 해 화환을 얻었다는 것을 말하고 화환을 벗겨 달라고 했다. 그제야 사람들이 화환을 벗기려 하였으나 그것은 벗겨지지 않고 마치 철판을 붙인 것과 같이 떨어지지 않았다.
 사람들은 그를 안고 집으로 데리고 갔고, 그는 여러 날을 고통으로 몹시 괴로워하였다. 왕은 대신들에게 그 사제관이 죽을 것 같은데 어떻게 해야 하는지를 물었다. 대신들이 다시 제전을 벌이라고 충고하자, 왕은 또 제전을 열었다.
 과연 천자들이 다시 와서 온 성내를 모두 한 가지 꽃향기로 채우고 먼저와 같이 왕궁 앞 뜰에 서 있었다. 그러자 사람들은 그 품행 나쁜 사제관을 데리고 와서 빌도록 했다. 천자들은 여러 사람 앞에서 그를 꾸짖고는 그 머리에서 화환을 벗겨 주었다. 그리고 대중들을 훈계한 뒤에 각기 천상으로 돌아갔다.

　이상과 같이 현실 세계의 인물과 다른 세계의 인물이 서로 거리감을 느끼지 않는 것은 그림형제 동화에서도 자주 보이나, 한국 전래동화에서는 초월적인 영역으로 굳어져서 쉽게 받아들여지지 않고 있다.
　예를 들어, 그림형제 편「금머리카락 세 개 있는 도깨비」에서는 "캄캄한 지옥으로 도깨비를 찾아간 소년에게 도깨비의 할머니는 무슨 일로 왔어?"하고 물어 볼 뿐이다. 또「콘도르새」에서도 콘도르새 부인은 한스에게 "무엇 하러 왔니?"라고만 묻는다.
　그러나 한국 전래동화「땅속 나라 도둑귀신」에서는 "아니 보아하니 귀신이 아닌 사람 같은데 어떻게 이런 곳에 들어오셨어요?"라고 표현되고 있으며,「머리 아홉 달린 도둑」에서는 "서방님이 어떻게 여기를 다 왔소? 여기가 어디라고 이렇게 오게 되었소?"라고 표현되어 있는 것이 그것이다.
　이렇게「칵카루꽃의 전생」에서는 서로 다른 세계가 지리적으로는 떨어져 있지만, 정신적으로는 거리감이 없이 서로 교류하고 있다. 또한 이 설화는 탐욕으로 인한 과보를 제시하면서 동시에 유아로 하여금 피안(彼岸) 세계와의 접촉이라는 환타지의 세계를 열어준다.

　㈎ 말로 짓는 업의 과보.
　언어에 의한 악업의 경계 내용은 '말의 가치'로 분류된 설화이다. 이러한 내용에는 비속어, 거짓말, 아첨, 쓸데없이 많은 말을 하는 것, 그리고 진정한 충언을 듣지 않아 화를 입거나 손해를 보는 내용 등이 포함된다. 자타카 경 번호 28「환희만이라는 소의 전생」은 동물도 비속어를 싫어한다는 풍자적 우화이다.

옛날 건타라국의 득차시라성에서 건타라왕이 나라를 다스리고 있을 때, 보살은 소로 태어났다. 그가 송아지로 있을 때 어떤 바라문은 소를 공양하는 사람들에게 가 그 송아지를 사서 환희만이라 이름하고 자기 아이들과 함께 있게 했으며 젖죽과 밥을 주어 먹이면서 매우 애지중지 길렀다.

보살은 자라나자 자신의 힘으로 주인의 은혜를 갚으리라고 생각하였다. 그래서 어느 날 그 바라문에게 소를 기르는 어떤 장자에게 가서 "그의 소가 백 대의 수레를 끄는 힘이 있으니 천금을 걸고 내기를 하라"고 권했다. 바라문은 그 말대로 어떤 장자에게 가서 이야기 끝에 천금을 걸고 내기를 하기로 하였다. 그는 백 대의 수레에 자갈을 가득 실어 죽 벌여 놓고 밧줄로 수레마다 연결시켰다.

그리고 환희만을 목욕시키고 향기로운 약림을 곁들인 밥을 먹이고 그 어깨는 화환으로 장식했다. 제일 앞 수레의 가로지른 나무에 그 소를 맨 뒤에 자기는 그 나무 위에 앉아 채찍을 들고는 "나아가자 기만자(欺瞞者)여, 끌어라 기만자여"하고 소리쳤다. 그러자 소는 자기는 기만자가 아닌데 왜 그렇게 부르는지 의아해 하면서 움직이지 않고 서 있었다. 내기에 이긴 장자는 바라문에게 천금을 내라 하였다.

그래서 바라문은 천금을 빼앗기고 소를 몰고 집으로 돌아와 근심에 잠겨 누워 있었다. 소는 그 곁에 와서 기만자라고 자신을

부른 것은 그의 잘못이라며 다시 내기를 하라고 말하였다.
 바라문은 이 말을 듣고 장자에게 가서 두 배로 내기를 한 뒤에 아까처럼 백 대의 수레를 연결시키고 환희만을 제일 앞 수레에 붙들어 매었다. 그리고 멍에 위에 앉아 소등을 어루만지며 '나아가자 현자여, 끌어라 현자여' 하고 격려하였다. 그러자 보살은 백 대의 수레를 단번에 끌어 버렸다.
 결국 장자는 내기에서 져 상금을 주었고, 다른 사람들도 보살에게 상금을 주어 그것은 모두 바라문의 재산이 되었다. 결국 바라문은 보살의 덕분에 큰 부자로 살게 되었다.

 한편 상대방에게 도움이나 베품을 얻고자 할 때나 또는 부탁할 때, 말이 친절하지 않으면 안 되며, 그 말의 가치만큼만 자선을 받을 수 있음을 풍자한 설화로는 자타카 경 번호 315 「고기(肉)의 전생」이 있다.

 옛날 범여왕이 바라나시에서 나라를 다스리고 있을 때, 보살은 어느 장자의 아들이었다. 어느 날 어떤 사냥꾼은 많은 고기를 얻어 수레에 가득 싣고 그것을 팔려고 성내로 향하였다. 그 때 바라나시에 사는 장자의 네 아들은 성을 나와 네 거리에 앉아 제각기 보고 들은 것을 이야기하고 있었다.
 장자의 아들들은 고기를 싣고 가는 사냥꾼과 수레를 보고 고기를 한 조각 얻고자 하였다.
 첫째는 "어이 사냥꾼, 그 고기 한 조각 주게"하자 사냥꾼은 그 말에 상당할 만한 고기를 준다면서 허파를 주었다. 둘째는 "형님, 고기 한 조각 주십시오'라고 말해서 사지(四肢)를 얻었다.

셋째는 "아버지 그 고기 한 조각 주십시오"라고 말해서 심장을 얻었다. 넷째는 "벗이여, 그 고기 한 조각 주십시오"라고 말해서 수레를 통째로 얻었다. 그러자 이 장자의 아들은 수레를 그에게 밀게 하고 자기 집으로 가서 고기를 내려놓고 그를 친절하고 공경히 접대하였다. 그리고 그의 처자까지 불러와 사냥 일을 그만두게 하고 자기 집에 살게 하고는 그와 깊이 사귀어 일생을 화목하게 지냈다.

위의 설화는 유아기 어린이의 언어 발달에 주는 시사점이 크다. 많은 연구자들이 언어 발달의 결정적인 시기를 3~5세의 유아기로 꼽고 있고, 일단 학습된 언어 습관은 쉽게 변화시키기 어려운 점을 고려해볼 때, 자타카는 이 시기 어린이의 바른 언어 습관을 형성시키는데 도움을 줄 수 있는 동화로서의 역할을 할 수 있을 것이다.

또한 이 설화는 친절한 말로 인하여 많은 고기를 얻는 것으로 끝나는 것이 아니라, 장자 아들이 그를 공경히 대접하고, 사냥일을 그만두게 하고 그의 처자식을 불러와 일생을 행복하게 살았다고 끝맺고 있다. 즉 친절한 말의 인으로 과보를 얻은 것이 다시 사냥꾼에게 그 복이 회향되고 있는 상의상자(相依相資)의 연기의 속성이 다시 발휘되고 있는 것이다.

㉰ 마음으로 짓는 업의 과보
"마음으로부터의 번뇌가 몸과 입의 업을 일으킨다(此三業如是相似 我施說意業 爲最重 令不行惡業不作惡業 身業口業卽不然也)" 하여 불타는 의업(意業)을 가장 중요시하였으며(중아함경 권 제32, 고려대장경 18), 한 걸음 더 나아가 세 가지 업은 이 의업(意業)에 속한 것이라고까지 하였다. 이것은 마음의 번뇌를 막을 때

자연히 나머지 업이 사라진다는 뜻이다.

자타카가 주는 인과응보의 교훈에서 직접 행동하는 실천이라기 보다 마음의 더 큰 작용으로 볼 수 있는 것이, 교만과 우정을 지닌 내용이다. 특히 교만의 행위는 자신의 부귀영화를 한 몸에 지니면서도 만족할 줄 모르며, 오히려 탐욕을 부리며 권세를 남용하고 자기보다 불우한 사람이나 낮은 신분의 사람들을 천대하고 핍박하여, 인류 도덕을 경시함으로써 결과적으로 천벌을 받거나 비운을 자초하게 된다. 그 대표적인 예가 자타카 경 번호 357「메추리의 전생」이다.

옛날 범여왕이 바라나시에서 나라를 다스리고 있을 때, 보살은 코끼리로 태어났다. 그는 자라서 아름답고 큰 몸으로 코끼리들의 우두머리가 되어 8만 코끼리를 데리고 설산 지방에 살고 있었다.

그 때 암메추리 한 마리가 그 코끼리들이 돌아다니고 있는 곳에 알을 낳았다. 알이 충분히 따뜻해졌을 때 그것을 깨고 새끼가 나왔다. 그 새끼는 날개가 자라지 못하여 아직 잘 날지도 못할 때 보살(코끼리의 왕)은 코끼리 떼를 데리고 먹이를 찾아가는 도중에 그곳까지 왔다. 그것을 보고 메추리는 자신의 아이들이 다치지 않도록 코끼리 왕에게 보호를 청하였다. 보살은 메추리 새끼를 덮고 있다가 8만 코끼리가 다 지나간 뒤에 다시 그 어미 메추리를 불러 맨 뒤에 오는 코끼리는 말을 듣지 않으니 그에게 간청하여 아이들의 안전을 꾀하라고 하였다.

그래서 마지막 코끼리가 왔을 때 어미 메추리는 그를 맞이하여 두 날개로 합장하고 예배한 뒤에 새끼를 해치지 말 것을 간청하였다. 그러나 그는 이 말을 듣고도 메추리 새끼를 발로 짓밟고 오줌을 싸고는 외치면서 가 버렸다.

새끼를 잃은 어미 메추리는 나뭇가지 위에 앉아 지혜의 힘이 더 위대하다고 맹세하면서, 코끼리를 곤란에 빠뜨리겠다고 말하였다. 그래서 며칠 동안 까마귀 한 마리에게 계속 문안드린 다음 그 코끼리의 눈을 쪼아 못쓰게 만들어 달라고 부탁하였다.

그는 또 쉬파리에게 문안 드린 후 까마귀가 눈을 못쓰게 만들면 거기에 알을 낳아 붙여 줄 것을 말하였다. 그는 또 개구리에게 문안 드린 다음 코끼리가 눈을 멀어 물을 찾을 때 산꼭대기에서 울어 달라고 하였다. 그리고 코끼리가 산꼭대기로 올라가거든 벼랑에 내려와 울어 달라고 부탁하였다.

그러던 어느 날 까마귀는 그 부리로 코끼리의 두 눈을 쪼아 못쓰게 만들고 쇠파리는 거기 알을 낳았다. 코끼리는 눈에 구더기가 몰려 고통 때문에 미치고, 목이 말라 견디지 못해 물을 찾아 이리저리 돌아다녔다. 그 때 개구리는 산꼭대기에서 울었다. 코끼리는 거기 물이 있는 줄 알고 산으로 올라갔다.

그러자 개구리는 밑으로 내려와 벼랑에서 울었다. 그러자 또 코끼리는 거기 물이 있는 줄 알고 내려오다가 벼랑에 떨어져 죽었다. 메추리는 그가 죽은 것을 보고 원수를 갚았다고 기뻐하고 만족하여 그 시체 위를 돌아다녔다. 그리고 그 뒤에 그는 업을 따라 갈 곳으로 갔다.

이미 앞에서 살펴보았지만, 자신의 힘을 과시하고 약한 자를 얕보는 교만한 자의 성격은 영악하거나 불량자 혹은 비정자(非情者)로 나타나고, 주체자를 구박했기 때문에 결국 인과응보를 받는다. 이 인과응보는 설화나 전래 동화의 두드러진 특징이다. 손동인(1972)은 이것을, 민담이나 전래 동화가 견강부약(牽强扶弱)의 법칙과 파사현정(破邪顯正)의 주체성을 중시하기 때문이라고 설명하고 있다.

한편 친구 대신 자신이 희생될 것을 원하지만 결국 인간을 감동시켜 둘 다 목숨을 건진 자타카 경 번호 534「큰 거위의 전생」은 '착한 인은 선한 업을 받는다'는 내용의 설화이다.

옛날 바라나시에 산야마라는 왕에게는 차마라는 첫째 왕비가 있었는데, 그 때 보살은 9만 마리의 거위에 둘러싸여 칫타쿳타산에 살고 있었다. 그런데 어느 날 새벽에 왕비는 몇 마리 황금 거위가 날아와 왕의 자리에 앉아 아름다운 소리로 설법하는 꿈을 꾸었다. 왕비는 손뼉을 치면서 그 설법을 듣고 있었는데, 설법이 끝나기 전에 그만 날이 밝았다. 거위들은 큰 창문으로 날아가 버렸고, 왕비는 바삐 일어나 그 날아가는 거위를 잡아라 하고 손을 펴는 바람에 그만 꿈에서 깨었다.

이 말을 들은 시녀들은 거위가 어디 있느냐고 웃었다. 그 순간 왕비는 비로소 그것이 꿈이었음을 알고, 병으로 가장하고 침대에 누워 있었다. 한편 왕은 왕비가 보일 때가 되었는데도 나타나지 않으므로 그 까닭을 묻자, 시녀들은 병 때문이라고 대답했다. 이 말을 듣고 왕은 그녀의 침대 곁에 가서 앉아 그 등을 어루만지며 물었다. 그제서야 왕비는 아기를 배었기 때문에 황금 거위에게 설법을 듣고 싶다고 말했다.

왕은 침전에서 나와 신하들과 이 일에 대해서 의논하였고, 바

　라문과 사냥꾼에게 알아본 다음 그 황금 거위를 잡기 위해서 못을 파고 현명한 사냥꾼에게 천금을 주고 그 못을 맡기면서 황금 거위가 오면 잡을 것을 명하였다. 사냥꾼은 왕의 분부대로 했다. 차마의 못을 지킨다고 해서 사람들은 그를 차마 사냥꾼이라고 불렀다. 그 뒤로 온갖 새들이 날아와 앉았을 뿐 아니라 위험이 없고 안온하다는 소문이 퍼져 온갖 종류의 거위들도 모여 들었다.
　마침내 황금 거위도 그 연못에 와서 먹이를 구하다가 결국 왕과 만나게 되었다. 왕은 보살(거위왕)과 수무카의 정직한 마음에 감화되어 그 두 마리 새에게 자기가 가진 빛나는 왕위를 맡기려고 했다. 그러나 보살은 오직 왕에게 자신들을 놓아줄 것을 부탁하였다. 왕의 허락을 얻은 보살은 왕에게 게으르지 말고 법으로 나라를 통치할 것을 말하고 또 오계를 지키게 했다.

　이처럼 인과응보의 교훈을 지닌 자타카의 설화는 권선징악의 형태를 띠고 있으나, 악을 징벌하는데 끝나는 게 아니라, 선한 행위자의 자비나 연민이 베풀어지는 것으로 끝난다. 즉, 불전 설화의 대중화를 위해 일반적인 설화의 보편적인 흥미성을 유지하면서, 자연스럽게 종교적 감화를 수행하여 결과적으로 두가지 기능을 발전적으로 확장하고 있는 것이다.

(2) 지혜 및 인내 주제

지혜 및 인내 주제는 유아의 창의적 문제 해결력 발달과 중요한 연관이 있다고 볼 수 있다. 앞서 언급했듯이 지혜 및 인내에 관한 범주로 분석된 자타카는 지혜로운 생활과 끈기 있는 생활에 관한 두 하위 범주로 구분된다.

① 지혜로운 생활

불교가 지향하고 있는 궁극적인 목적은 자각을 통한 열반(涅槃)과 해탈(解脫)이며, 피안(彼岸)의 세계에 이르게 하는 실천덕목인 육바라밀 중에서 지혜가 그 핵심이 된다(마하반야바라밀경 권 제11, 고려대장경 5). 즉, 지혜를 바탕으로 수행할 때 아낌없는 시여(施與), 자율적인 존법(尊法) 생활, 끝없는 인내, 굽힐 줄 모르는 정진(精進), 심오한 사색이 가능해지며, 지혜는 이 모든 일을 무리 없이 해결해 주는 근원이라 할 수 있다.

자타카에 나타난 지혜로운 가르침의 내용들은 65편 중 총 16편인데 〈표 5〉에는 이에 대한 것이 요약되어 있다. 이들 이야기에서는 자신과 타인의 생명을 구하기 위해 강자와의 대결에서 아슬아슬하고도 기가 막힌 지혜를 발휘하고 있고, 당면해 있는 위기를 모면해 가면서도 여유 있는 해학이나 유머를 잃지 않고 있다.

〈 표 5 〉 지혜로운 생활 주제

경번호	제 목	지혜의 위계
1	희론이 없는 전생	인간 〉 야차(인도의 귀신 또는 도깨비)
5	볏짚의 전생	평가원 〉 왕
14	풍록의 전생	동산지기 〉 양
20	노음촌의 전생	원숭이 〉 야차
22	개의 전생	개 〉 왕
33	화합의 전생	메추리 〉 사냥꾼
37	자고새의 전생	자고새 〉 코끼리 〉 원숭이
54	과실의 전생	상인 〉 야차
137	고양이의 전생	쥐(원조자) 〉 고양이
208	악어의 전생	원숭이 〉 악어
218	사기꾼 상인의 전생	시골상인 〉 서울상인
283	공장양저의 전생	돼지 〉 호랑이
352	선생 거사의 전생	아들 〉 아버지
383	닭의 전생	닭 〉 고양이
398	수타나 청년의 전생	청년 〉 야차
437	푸티만사 승냥이의 전	산양 〉 승냥이

부등호(〉) 는 지혜 위계의 높고 낮음을 표시함

지혜로운 삶의 주제 분류에서 '풍록의 전생'이나 '선생 거사의 전생'을 제외하고, 위기를 벗어나거나 경쟁에서 이기는 자는 힘이 약한 편이고, 약자가 강자를 이기는 방법은 무력이 아니라 용기 있는 지혜에 의해서이다.

㉠ 죽음을 모면한 지혜

죽음을 모면한 지혜로 유명한 것은 자타카 경 번호 208「악어의 전생」이다. 이 설화는 우리 나라에서도 가장 오래 전부터 전해 내려오는 『삼국사기, 41권』에 나오는 '토끼와 거북이'와 거의 같은 내용이다. 이 「악어의 전생」은 불전 설화의 내용이 우리 나라 민담이나 옛날 이야기에 영향을 미친 좋은 예로, 다른 점은 악어가 거북이로 바뀐 것 정도이다. 특히 '토끼와 거북이' 설화는 조선 시대에 들어와 판소리 '수궁가', 고대소설 '토끼의 간' 또는 '토끼전'의 근원 설화가 되었다.

옛날 범여왕이 바라나시에서 나라를 다스리고 있을 때, 보살은 설산 지방에 사는 원숭이로 태어났다. 그는 코끼리처럼 힘이 세고 몸은 크며 또 아름다웠다. 그리고 항하의 굽이친 곳의 숲 속에 집을 마련하여 살고 있었다.

그 때 항하에는 악어 한 마리가 살고 있었다. 그런데 그 악어의 아내는 보살을 보자 그 심장을 먹고 싶었다. 그래서 그 남편 악어는 보살이 항하에서 물을 마시고 그 강가에 앉아 있을 때 그 앞에 가서 건너편 언덕에는 맛난 과일들이 많다고 말하였다.

보살이 항하 때문에 갈 수 없다고 하자 악어는 등에 태워 주겠다며 보살을 태우고 항하를 건너다가 물 속으로 가라앉았다. 보살이 그 이유를 묻자 악어는 자기 마누라가 보살의 심장 살을 먹고 싶어한다고 말하였다.

보살은 거기서 그다지 멀지 않은 곳에 있는 우담바라 나무에 탐스럽게 열린 열매가 익어 있는 것을 보고 심장이 나무에 달려 있다고 악어에게 말하며 심장을 보여주겠다고 하였다. 그래서 악어는 그를 업고 거기까지 갔다.

그 때 보살은 재빨리 악어 등에서 우담바라 나뭇가지에 뛰어 올라가 악어에게 속았다는 것을 알려주었다. 악어는 천금을 잃

은 듯 괴로워하고 슬퍼하면서 완전히 기운이 꺾여 제 집으로 돌아갔다.

 이 밖에도 승냥이의 꾀에 말려 들어가 목숨을 잃기 직전에, 지혜로 벗어난 「푸티만사 승냥이 전생」, 가난한 청년이 왕 대신 야차(귀신)와 싸우러 가 용기와 지혜로 야차를 설득하여 데리고 와 문지기로 살게 하는 「수타나 청년의 전생」 등은 번뜩이는 지혜와 더불어 유아에게 동화를 통한 판타지 세계로 이끌어 용기와 창의력을 길러 주게 된다.
 다음은 자타카 경 번호 437 「푸티만사 승냥이의 전생」이다.

옛날 범여왕이 바라나시에서 나라를 다스리고 있을 때, 설산 중턱에 있는 숲 속의 동굴에 수백 마리 야생의 산양이 살고 있었다. 거기서 멀지 않은 동굴에는 푸티만사라는 승냥이가 그 아내 베니와 함께 거닐고 있었다.

어느 날 그는 산양들을 보고는 무슨 방법으로든지 그들의 고기를 먹으리라 생각한 끝에 기발한 방법을 써서 그들을 한 마리씩 잡아먹었다. 그리하여 산양의 수는 차츰 줄어들었다.

그런데 그 산양들 중에는 메라마타라는 현명한 암산양 한 마리가 있었다. 그래서 승냥이는 어느 날 그 아내와 의논하기를, 자신이 죽은 척하고 있을 터이니 암산양에게 접근하여 우정을 쌓은 후에 그에게 데려오면 죽은 척하고 누워 있다가 갑자기 덮쳐 암산양을 잡아먹기로 하였다.

시간이 지나 암산양이 그를 신뢰하게 되었을 때 암승냥이는 남편이 시킨 그대로 암산양에게 남편의 시체 뒷처리를 부탁하였다. 암산양은 두려웠으나 결국 암승냥이의 부탁을 들어주었다. 그 때 승냥이는 그들의 발소리를 듣고 암산양이 온다 생각하고는 머리를 들고 바라보았다. 결국 암산양은 그것을 보고 달아나 버렸다.

암산양을 놓친 승냥이 부부는 다시 계략을 세웠다. 암승냥이는 다시 암산양에게로 가서 당신이 온 덕에 죽었던 남편이 다시 깨어났으니 그와 친구와 되어 주기를 청하였다.

그러나 암산양은 그들의 계략을 눈치채고 그들의 손님으로 참석하되 사냥개와 야마천의 개와 쟘부카들의 2천명의 종자를 데리고 갈 터이니 그들이 먹을 수 있도록 잔치 음식을 준비하라고 부탁하였다. 그리고는 그렇게 하지 않을 때는 그 동물들이 승냥이 부부를 잡아먹게 될 것이라 하였다.

이 말을 들은 암승냥이는 매우 두려워하며 남편과 함께 달아났다. 그 뒤로 그들은 다시는 그 장소에 오지 않았다.

한편 다음에, 이어지는 이야기는 자타카 경 번호 398「수타나 청년의 전생」이다. 유아들은 이 설화를 통해 지혜와 용기가 하나 되면 이 세상에 어떤 일도 슬기롭게 극복할 수 있다는 자신감을 얻을 수 있을 것이다.

옛날 범여왕이 바라나시에서 나라를 다스리고 있을 때, 보살은 어떤 가난한 거사의 가정에 태어나 그 이름을 수타나라고 하였다. 그는 성년이 되어 월급으로 양친을 부양하다가 아버지가 죽은 뒤에는 어머니만 부양하였다.
 그 때 바라나시의 왕은 사냥을 좋아해서 하루는 사슴 사냥을 나갔다. 사냥하던 왕은 잠깐 쉬려고 활을 피해 도망친 사슴을 쫓아 사슴을 잡은 길 가에 서 있는 보리수 가까이 가서 그 밑에 누웠다가 그만 잠이 깊이 들었다. 그런데 그 나무에서 재생(再生)한 마카제바라는 야차는 거기 오는 이는 잡아먹어도 좋다는 비사문천의 허가를 받았던 차였다.
 이에 야차는 일어나 가려는 왕을 잡아먹으려 하였다. 그래서 왕은 야차에게 매일 한 사람씩 도시락을 들려 보내겠다는 약속을 하고 풀려 나왔다. 왕이 이 문제로 고민할 때, 신하들은 감옥의 죄수들을 보내자고 제안하였고 죄수들이 매일 한 사람씩 야차에게 보내져 잡아먹혔다.
 결국 죄수가 한 명도 남지 않게 되자 신하들은 또 다시 묘안을 짜내어 야차에게 도시락을 가져다주는 자에게 천금을 주겠다는 포고를 내렸다.

그 때 보살은 그 돈을 받아 어머니께 드리고 야차에게 가기로 마음먹고 왕에게 갔다.

왕이 도시락 외에 더 가져가고자 하는 것이 있는지를 물으니 보살은 나무 뿌리가 뻗친 땅에 서 있지 않도록 왕의 황금신과, 나무 그늘에 서 있지 않도록 왕의 일산과, 야차가 두려워할 칼과, 황금 바루의 좋은 음식을 가져가기를 청하였다.

보살은 그것들을 가지고 가 야차와 대면하였는데, 보살의 지혜에 감복한 야차로부터, 돌아가 어머니와 행복하게 만나라는 대답을 듣게 된다. 이에 보살은 야차에게 더 이상 사람을 죽이는 일을 하지 말 것과, 계율을 지키는 데서 생기는 행복과 계율을 깨뜨리는 데서 오는 불행을 가르치고 오계를 준 뒤에 성문에 데려가 최상의 음식을 얻어먹게 하리라 하고 야차를 데리고 바라나시로 돌아 왔다.

이 소식을 들은 왕은 보살을 맞이하여 야차를 성문에 살면서 최상의 음식을 먹게 하고 북을 울려 성내 사람을 모아 보살의 공적을 말하고 그에게 장군의 지위를 주었다. 그리고 왕은 보살의 훈계를 따라 보시 등 선행을 닦아 천상에 날 몸이 되었다.

또 자타카 경 번호 20「노음촌의 전생」과 경 번호 1「희론이 없는 전생」은 야차(귀신)와의 대결에서 자기뿐 아니라 많은 다른 생명까지도 함께 구했다는 이야기이다. 예를 들어, 「희론이 없는 전생」의 줄거리는 다음과 같다.

옛날 카시국의 바라나시에 부라후마닷타라는 왕이 있었다. 그 때에 보살은 대상의 주인집에 태어나 청년이 되어서는 오백 대의 수레를 거느리고 상업을 경영하면서 동서로 바쁘게 돌아다니고 있었다. 그 바라나시에는 또 한 사람의 대상 아들이 있었는데, 그는 우둔하여 임기응변의 재주가 전혀 없었다.

그 때에 보살은 바라나시에서 값진 상품을 오백 대의 수레에 가득 싣고 출발할 준비를 마쳤다. 그리고 그 우둔한 청년도 오백 대의 수레에 상품을 가득 싣고 출발할 준비를 마쳤다.

그러나 보살은 그와 동행하게 되면 모든 상황을 감당하기 어렵다고 여겨 둘 중 한 사람이 먼저 가야한다고 말했다. 그가 먼저 가기를 원했으므로 보살은 뒤에 가기로 하였다.

그 우둔한 청년은 수레를 연결시켜 먼저 출발하였고, 얼마 후에 사람 사는 곳을 지나 어려운 곳에 이르렀다. 여기서 어려운 곳이란 도적이 있어 어려운 곳, 사나운 짐승이 있어 어려운 곳, 물이 없어 어려운 곳, 귀신이 있어 어려운 곳, 주림 때문에 어려운 곳 등 다섯 가지가 있다. 그런데 이 중에서 물이 없는 곳과 귀신들이 있는 어려운 곳은 더욱 힘들었다.

그래서 그 우둔한 청년은 수레에 크나큰 독을 싣고 물을 채워 십유순의 어려운 곳에 들어갔다. 중간쯤 갔을 때 거기 사는 야차는 그 우둔한 청년에게 물이 있으니 물독에 있는 물을 모두 버리고 가라는 거짓말을 해서 소와 사람들을 잡아먹고 뼈만 남겼다. 그리하여 한 사람이 어리석었기 때문에 그들 전체가 멸망을 당하여, 그 뼈들만이 사방 팔방에 흩어지고 오백 대의 수레는 짐을 가득 실은 채 그대로 남아 있었다.

보살은 우둔한 청년이 떠난 지 일 개월 반 만에, 오백 대의 수레를 이끌고 성을 나와 어려운 곳의 어구에 도착하였다. 그는 여기서 많은 물을 길어 물독을 채우고 야영하는 곳에서 북을 울려 사람들을 모은 뒤에 모든 것을 그의 허락을 구하고 먹으라고 명하였다. 이렇게 훈계한 후에 보살은 오백 대의 수레를 이끌고 차츰 어려운 곳에 들어갔다. 어려운 곳의 복판에 도착하자 그 야차는 먼저 번과 같은 방법으로 보살 앞에 나타났다.

그러나 보살은 기지를 발휘하여 야차의 속임수에 넘어가지 않았다. 그리고 얼마 후에 짐을 가득 실은 오백 대의 수레와, 소, 사람 뼈들이 사방에 흩어져 있는 것을 보았다. 보살은 다음날 아침에 모든 것을 정리하였다. 소에게는 아침 죽을 먹이고 약한 수레는 버리고 튼튼한 수레만 취하며, 값싼 물건은 버리고 비싼 물건만 싣고 목적지에 가서는 두 배 세 배의 값을 받고 팔았다. 그리하여 같이 갔던 전원을 데리고 고향으로 돌아왔다.

한편 이어지는 이야기는 풍부한 유머가 들어 있는 「노음촌의 전생」이다. 이 이야기에는 유아들에게 친숙한 원숭이가 등장하여 재미있으며, 오늘날 왜 갈대가 속이 비게 되었는지를 매우 사실적으로 설명해준다.

옛날 그곳은 숲이었다고 한다. 그 연못에는 나찰 귀신이 살면서 그 못에 내려가는 사람을 모두 잡아먹었다. 그 때에 보살은 적록(赤鹿)의 새끼만큼이나 되는 원숭이들의 왕이 되어, 팔만 마리의 원숭이를 데리고 그 숲에 살고 있었다.

그는 원숭이들에게 숲 속에 있는 과일이나 물을 함부로 마시지 말라고 명령했다. 그들은 분부를 받고 어느 날 아직 가보지 못한 어떤 장소로 갔는데, 거기서 며칠 동안 돌아다니면서 물을 찾고 있다가 어떤 연못을 보았다. 그러나 그 물을 마시지 않고 보살(원숭이의 왕)이 오기를 기다리며 앉아 있었다. 연못에 온 보살은 연못가를 돌아다니면서 발자국을 조사해 보았는데, 내려 간 발자국만 있고 올라온 발자국은 볼 수 없었다. 보살은 그것은 귀신이 점령하고 있는 것임에 틀림없다고 생각하고 원숭이들이 물을 마시지 않은 것을 칭찬하였다.

 물 속의 나찰 귀신은 원숭이들이 내려오지 않는 것을 보고 무서운 형상으로 나타나 내려와서 이 물을 먹으라고 하였다. 그러나 보살은 갈대 줄기를 꺾어 물을 마실 것이므로 귀신이 그들을 잡아먹을 수 없을 것이라고 하였다. 그리고 갈대 하나를 꺾어 오게 하여 바라밀을 생각하고 맹세한 뒤에 입으로 불었다. 신기하게도 갈대는 그 속에 마디 하나 남기지 않고 전부 속이 통해 버렸다.

 이런 방법으로 다른 원숭이들에게도 각각 꺾어 오게 하여 입으로 불고 주었다. 그리고 그 연못을 돌아다니며 거기 나 있는 갈대는 모두 마디가 없이 속이 통해 버리라고 명령을 내렸다. 무릇 보살의 이행(利行)은 광대하기 때문에 그 명령은 효력이 생기는 것이다. 그래서 그 뒤로는 그 연못을 둘러 난 갈대는 모두 속이 통해 있었다.

 이 설화에서 보살이 바라밀을 염원했다는 것은 고통받는 중생 곁을 떠나지 않겠다는 서원을 하는 것으로 이타 정신의 발휘이다. 곧 지혜를 바탕으로 하여 타인을 위한 시여(施與)를 염원할 때, 마술적인 현상들이 일어날 수 있다는 것을 암시하고 있다. 또한 야차(귀신)와의 대결이라는 급박한 상황인데도 여유 있게 긴장감을 모면해 나가면서 흥미로 이끈다.

 이 이야기 끝에는 "이때부터 연못 옆 갈대는 속이 비었다."는 유래를 밝혀, 독자로 하여금 설화의 허구성을 배제하며, 자연스럽게 종교적인 수행을 이야기하고 있기도 하다.

㉯ 지혜의 대결

다음은 죽음을 모면하는 슬기로움의 발휘라기보다 지혜의 대결이라고 볼 수 있는 몇 편의 설화를 살펴보고자 한다. 그 대표적인 예가 자타카 경 번호 37「자고새의 전생」이다. 이 설화는 주인공인 자고새, 코끼리, 원숭이는 그들의 대표로 가장 연장자를 뽑기로 합의하고, 서로 나이 재기를 하는 내용이다.

옛날 히말라야산 중턱의 큰 용나무 가까이에 자고새와 원숭이와 코끼리 세 마리 벗이 살고 있었다. 그들은 서로 존경하거나 순종하지 않고 보통 생활의 법을 어기게 되었다. 그래서 그들은 그들 중에 가장 나이가 많은 사람을 공경하고 예배하며 살아가기로 하였다. 그리하여 그 가운데 누가 가장 나이가 많은가를 따져 보기로 합의하였다.
어느 날 이들은 한 가지 방법을 생각해 내었다. 즉 세 마리가 함께 용나무 밑에 앉아 먼저 자고새와 원숭이가 코끼리에게 물었다. 코끼리는 "내가 어릴 때 이 용나무는 관목이었다. 내가 일어섰을 때 가장 높은 가지가 내 배꼽에 닿았다." 원숭이는 "내가 어릴 때 앉아서 목을 빼면 나무의 가장 위 어린 나뭇잎을 먹을 수 있었다."고 회고했다. 그러자 자고새는 "나는 어떤 용나무 열매를 먹고 이 자리에서 배설했는데 거기서 이 나무가 났다. 그러므로 나는 이 나무가 나기 전부터 안다."고 하였다.
그리하여 원숭이와 코끼리는 그 현명한 자고새에게 그를 공경하고 존중하며 섬기고 경례하며 합장하고 공양하며 공손히 아뢰고 받들어 맞이하며 예배하고 순종하고 그의 교훈을 따르며 그들에게 훈계하라고 말하였다. 그 뒤로 자고새는 그들을 훈계하여 계율을 지키게 하고 자신도 계율을 지켰다. 그리하여 그들은 오계를 지키면서 서로 존경하고 보통 생활법을 지키며 살다가 목숨을 마치고는 안락한 천상에 다시 태어났다.

위 설화에 의하면 세 마리 동물 중에서 자고새가 가장 몸은 작지만 지혜의 대결에서 이겨 이들의 대표가 된다. 이것은 마치 이솝우화에서 「여우와 원숭이」가 각자 가문 자랑하는 내용과 흡사하다.

풍자의 유머로 상대방을 지혜로 굴복시킨 자타카 경 번호 5 「볏짚의 전생」에서는 현명한 평가원의 공정한 평가로 자신의 재산이 줄어드는 것을 걱정하는 왕이, 어리석은 농부를 평가원으로 쓴다. 이 설화는 위트(wit)로 임기 응변의 지혜를 발휘하고 불리한 여건을 전화위복(轉禍爲福)으로 지양시키고 있는데, 손진태(1981)는 이 설화를 전승되어 온 우리 나라 민족 설화로 불전이 근거임을 밝히고 있다.

옛날 카시국의 바라나시에서 부라후마닷타왕이 나라를 다스리고 있을 때, 보살은 그 왕의 평가관이었다. 그의 직책은 코끼리와 말, 그리고 보옥과 금 등의 가격을 정하고 평가하여, 그 물품에 상당한 대가를 소유자에게 지불하게 하는 일이었다.

그런데 그 왕은 성질이 매우 탐욕스러웠기 때문에 이렇게 생각하였다. '저 평가관은 너무 정직하여 머지 않아 내 재산을 모

두 탕진시켜 버릴 것이다. 다른 평가관을 두지 않으면 안 되겠다.'

왕이 창을 열고 정원을 바라보고 있을 때 어떤 어리석은 농부가 지나가고 있었다. 그래서 왕은 자기의 재산을 보호할 목적으로 그 어리석은 이를 평가관으로 삼았다. 그 뒤로 그 어리석은 평가관은 코끼리나 말 등의 가격을 정할 때, 참값을 생각하지 않고 제 마음대로 값을 붙였다. 그가 그 직책에 있는 동안에는 그의 말이 바로 시장의 값이 되었던 것이다.

어느날 북방에서 백락 한 사람이 오백 마리의 말을 몰고 왔다. 왕은 평가관을 불러 그 말을 평가시켰다. 그는 오백 마리의 말에 대해 볏짚 하나의 값을 붙였다. 억울하게 된 백락은 이전의 평가관(보살)에게 가서 이 사실을 말하고 어떻게 하면 좋으냐고 물었다. 보살은 백락에게 평가관에게 뇌물을 주고 계략을 짠 뒤 왕에게 가라고 충고하였다.

백락은 보살이 시키는 대로 했고, 보살도 여러 대신들과 함께 그 자리에 참석했다. 왕 앞에서 어리석은 평가관은 백락이 가지고 온 볏짚 하나의 값은 이 바라나시와 그 주위의 교외에 상당한다고 말했다.

이 말을 들은 대신들은 손뼉을 치고 웃으면서 지금까지 왕의 영토는 평가할 수 없는 것이라 생각하였는데, 이렇게 큰 바라나시가 더구나 그 왕과 함께 볏짚 하나의 가치라는 것은 왕에게는 꼭 알맞은 일이라고 조소하였다. 그 때에 왕은 너무나 창피스러워 이 어리석은 사람을 내쫓고 보살을 평가관으로 삼았다. 그리고 보살은 그 업보를 따라 이 세상을 떠났다.

이 밖에도 할아버지의 죽음을 애통해하며 가사를 돌보지 않는 자신의 아버지를 깨우치기 위해 아들이 죽은 소에게 풀을 주며 살아나기를 기원하는 자타카 경 번호 352 「선생 거사의 전생」의 해학적인 비유도 흥미롭다.

옛날 범여왕이 바라나시에서 나라를 다스리고 있을 때, 보살은 어떤 거사의 집에 태어나 그 이름을 선생이라 하였다. 그가 성년이 되었을 때 그 조부님이 세상을 떠났다. 그 아버지는 그 때부터 깊은 근심에 잠겨 조부의 무덤에서 뼈를 가져와서는 뜰에 토탑(土塔)을 세우고 뼈를 거기 넣어 두었다. 그리고 어디로 나갈 때에는 그 탑에 꽃을 공양하고 아버지를 생각하며 비탄하였다. 목욕도 하지 않고 향도 바르지 않으며 식사도 하지 않고 살림도 돌보지 않았다.
　그것을 보고 보살은 자신 이외에 아무도 아버지 눈을 뜨게 할 사람은 없다는 것을 알았다. 그는 성 밖에서 소 한 마리가 죽어 있는 것을 보고 풀과 물을 가져가서는 그 앞에 두고 "이것을 먹어라. 이것을 마셔라."고 하였다. 거기 오는 사람마다 그를 보고 그 이유를 물었지만 그는 대답하지 않았다.
　그 때에 어떤 사람이 그 아버지에게 가서 아들이 미쳤다고 말했다. 이 말을 들은 거사는 그 아버지에 대한 슬픔은 잊어버리고 아들걱정에 급히 달려가 죽은 소에게 먹이를 줘도 소용이 없다

는 것을 말하였다. 이 말을 듣고 보살은 소와 같
이 할아버지도 슬퍼해 봐야 살아오지 않는다는
것을 말하였다. 이 말을 듣고 그 거사는 지금
부터는 슬퍼하지 않으리라며 그 아들을
칭찬하였다.

 또 임금님의 정원을 항상 망가뜨리는 양을 잡기 위해, 양이 먹는 풀에 꿀을 발라 놓고 맛있는 것에 욕심 팔린 양이 꿀을 따먹다가 궁전까지 들어오게 했다는 자타카 경 번호 14 「풍록의 전생」은 해학과 유머라는 리듬과 운율을 지녀 긴장감을 이완시키고 있기도 하다.

 옛날 바라나시에 부라후마닷타왕의 동산지기로 산쟈라는 사람이 있었다. 어느 때 영양 한 마리가 그 동산에 왔다가 산쟈를 보자 달아났다. 그러나 산쟈는 영양을 쫓아가지 않고 그대로 두었다. 이에 영양은 자주 와서 그 동산 안을 거닐게 되었다.
 어느 날 왕은 동산지기에게 동산 안에 무엇인가 변한 일이 있는지 물었다. 영양 한 마리가 동산 안을 거닐고 다니는 것을 보았다고 하자 왕은 그것을 잡으라고 하였다. 동산지기는 꿀만 있으면 그 영양을 궁전 안까지 데리고 올 수 있다고 하였다.
 그래서 동산지기는 영양이 다니는 곳의 풀잎에 꿀을 발라 두고 숨어 있었다. 이에 영양은 꿀이 발린 풀을 먹고 싶은 미각의 욕심에 사로잡혀 다른 데는 가지 않고 그 동산에만 왔다. 그는 영양이 꿀이 발린 풀에 반한 줄을 알고 얼마 지나서는 자신이 거기 나타났다. 영양은 그를 보고 며칠 동안은 달아났으나 자주 보게 되자 그 후부터는 친하게 되어 그 손에 있는 풀까지 먹게 되었다.

그는 영양의 경계심이 없어진 것을 알고는 궁전까지 가는 길을 자리로 에워싸고 거기에 나뭇가지를 떨어뜨려 두고 꿀이 든 바가지를 어깨로 메고 풀 묶음을 허리에 차고 꿀이 발린 풀을 영양 앞에 뿌려서 궁전 안으로 들어갔다. 영양이 안에 들어가자 사람들은 문을 닫았고, 영양은 사람들을 보자 죽음이 두려워 떨면서 이리 저리 뛰어 다녔다.

왕은 누각에서 내려와 영양이 떨고 있는 것을 보고 "이런 숲 속에 사는 영양도 미각의 욕심에 사로잡혀 지금 이런 곳까지 온 것이다. 실로 세상에는 미각의 욕심처럼 두려운 것은 없다"고 말했다.

이와 같이 자타카에서 지혜의 가치를 주제로 한 설화는 대비·반복·역전 등을 풍자와 해학으로 빚어내고 있다.

Arbuthnot(1981)에 의하면, 대부분의 아동들은 민속물(folk material)에 대한 수용 능력이 있고, 언어 양식의 부분인 운율(cadence)과 색깔에 대한 편애(predilection)를 가지고 있다고 하였다.

그러므로 옛날 이야기를 좋아하는 어린이는 그 속의 리듬감으로 음악과 시를 즐길 준비가 되어 있다고 주장하였다. 이에 비춰 볼 때 자타카의 지혜의 내용을 통한 리듬과 기지, 여유 그리고 위기를 슬기롭게 해결하는 방법 등은 급변하는 산업화 사회 속에서 평온함과 여유를 가지고 세상을 바라볼 수 있게 하는 데 도움을 줄 수 있는 가르침이 되리라고 본다.

②끈기 있는 생활

자타카에 실린 대부분의 설화는 앞에서 살펴본 것처럼 그 전반적 배경에 끈기 있는 행동이 깔려 있다. 그것은 어려운 성불(成佛)의 단계에 도달하기까지 지혜와 인내를 바탕으로 끝없는 보살행을 행해야 하기 때문이다. 또한 고난 극복 의지를 가지고 노력할 때 진리는 이루어지는 것이기 때문이다. 주제상 끈기 있는 행동으로 분류된 것은 모두 4 편인데, 〈표 6〉은 이것을 구체적으로 나타낸 것이다.

끈기 있는 생활 주제는 크게 두 가지 형태로 나누어 볼 수 있다. 첫째는 행운은 주인공이 고난 극복 의지를 가지고 현실과 대처할 때 얻어진다는 유형이고, 둘째는 인내를 가지고 행동하지 못한 경우는 파멸하게 된다는 유형이다.

첫 번째 경우의 예를 살펴보면, 불타가 좌절하고 정진하지 않는 비구에게 경계하여 설한 이야기로 자타카 경 번호 2「모래길의 전생」이다.

〈표 6〉 끈기있는 생활 주제

경번호	제 목	내 용
2	모랫길의 전생	인내로 극한 상황을 극복
4	출라재관의 전생	인내로 가난을 벗어남
215	거북이의 전생	인내롭지 못한 행동의 파국
387	바늘의 전생	인내와 노력으로 자신의 소원 달성

옛날 카시라는 나라의 바라나시에서 부라후마닷타왕이 나라를 다스리고 있을 때, 보살은 어떤 대상 주인의 집에 태어나 청년이 되어서는 오백 대의 우차로 상업을 경영하면서 이리 저리로 돌아다녔다. 어느 날 그는 직경 육십 유순이나 되는 사막의 어려운 곳에 들어갔다.

이 어려운 곳의 모래는 쥐어도 손에 남지 않을 만큼 잘았고, 해가 뜨면 타는 불덩이처럼 뜨거워 발을 떼어놓을 수가 없었다. 그러므로 이 어려운 곳에 들어서려는 사람은 섶나무·물·기름·양식 등을 수레로 운반하여 밤에만 나아가고, 해가 뜨면 수레를 멈추어 원평으로 벌려 놓은 뒤에 머리 위에는 천막을 치고 때가 되어 식사를 마치고는 그늘에 앉아 하루를 지내고 해가 지면 저녁을 먹고 땅이 식기를 기다려 수레를 소에 매고 간다.

그리고 그곳을 가려면 바다를 항행(航行)하는 것처럼 육지를 안내하는 사람을 데리고 가게 되어 있다. 그 사람은 별을 관찰하고 그것으로 대상을 안내해 준다. 그 때에 이 대상 주인도 이런 방법으로 그 어려운 곳을 가다가 육십 유순에서 일 유순 모자라는 곳에 이르러 이제 하룻밤만 지내면 그 사막의 어려운 곳을 빠져 갈 수 있었다.

그래서 그들은 저녁을 먹고는 섶이며 물을 모두 버리고 수레의 소를 매어 나아갔다. 안내하는 사람은 앞 수레에 평상을 놓고 하늘이 별을 관찰하고는 전진하자고 외치면서 자리에 누웠다. 그리고 오랫동안 자지 못했기 때문에 잔뜩 피곤해 잠에 떨어져 있었으므로 소가 방향을 바꾸어 본래 오던 길로 도로 걸어가고 있는 줄을 몰랐다.

그는 먼동이 틀 때에야 눈을 떠 하늘의 별을 보고는 수레의 방향을 돌리라고 말했다. 그러나 수레를 돌려 정렬했을 때는 벌써 해가 떴다. 사람들은 "이제 우리는 멸망이다"고 말하고는 수레를 풀어 원형으로 벌려 놓고 머리 위에는 천막을 친 뒤에 각기 그 수레 밑에서 탄식하면서 누워 있었다.

보살은 '내가 용기를 잃으면 이 일행이 모두 멸망할 것이다.' 하고 생각하고 이른 아침 서늘한 동안에 여기 저기 돌아다니다가 길상초의 한 떨기를 발견하고, 그 밑을 파 내려갔다. 그러나 큰 바위에 부딪쳐 더 이상 파내려 갈 수 없었다. 하지만 좌절하지 않고 어린 동자와 함께 돌을 파 내려가 결국은 물을 구했다. 이에 여러 사람들은 기뻐하면서 그 물을 마시기도 하고 그것으로 목욕도 하며 남아 있는 수레의 굴대와 액(扼)을 끊어서는 불을 피워 죽을 끓여 먹고 소에게도 먹이를 주었다. 그리고 해가 진 뒤에는 그 물구멍 가까이 표를 해 놓고 목적지로 향하였다. 거기서 그들은 물품을 팔아 두 곱, 네 곱의 재산을 얻어 자기네들 고향으로 돌아갔다. 거기서 그들은 정해진 수명을 마치고 각자의 업을 따라 태어났다. 보살도 보시 등 선행을 행하고 그 업보를 따라 이 세상을 떠났다.

이 이야기는 좌절과 불행을 인내로 극복하여 그 행복이 오래 지속될 수 있는 상황이 되었을 때 끝을 맺고 있다. 즉 풀 한 포기 없는 사막의 불볕 더위 속에서 모든 사람들은 다 낙심하고 좌절한다. 그러나 주인공은 물을 찾아다니고 마침내 '길상초'를 발견하는 행운을 만난다.

그러나 다시 길상초 밑의 큰 암벽이라는 장애물을 만나 다시 좌절하게 되고, 그것을 다시 극복함으로써 결국 행복이 찾아온다. 즉 전래동화의 전승 형태에서 보이는 불행-행운이라는 두 단락소의 연속적인 대립, 부정의 관계로 이어지면서, 이야기의 향유층에게 뜻밖의 불행은 운(運)이라든지 혹은 자기 의지로든지 꼭 극복할 수 있다는 신념과 노력하면 능히 극복되어 행운을 누릴 수 있다는 교훈을 준다.
    인내를 가지고 행동하지 못한 경우 실패한다는 두 번째 예는 자타카 경 번호 215 「거북이의 전생」이다.

    옛날 범여왕이 바라나시에서 나라를 다스리고 있을 때 보살은 대신의 집에 태어났고 성년이 되어서는 세속의 일과 성사(聖事)의 고문이 되었다. 그러나 그 왕은 요설가였다. 그가 이야기를 하고 있을 때는 다른 사람이 끼어 들 틈을 주지 않았다. 보살은 그러한 왕의 습성을 고치기 위해서 어떤 방법이 없을까 생각하였다.
    그 때 설산 지방의 한 호수에 거북이가 살고 있었다. 그런데 두 마리의 거위가 먹이를 찾아 왔다가 거북이와 서로 알게 되었다. 그들은 매우 신뢰하는 사이가 되었고 어느 날 거북이에게 그들이 살고 있는 황금 굴이 대단히 살기 좋으므로 함께 가자고 말하였다. 거북이가 갈 수 있는 방법을 묻자 거위는 그들이 거북이를 붙들고 갈 것이니 말을 한 마디도 하지 말라고 하였다. 그들은 이렇게 말하고 하나의 막대기를 거북이가 입으로 물게 하였다. 그리고 막대기의 양쪽 끝을 각각 발로 쥐고서 하늘로 날아올랐다.
    이렇게 두 마리의 거위에게 물려서 가는 거북이를 보고 마을의 소년들은 떠들어댔다. 거북이는 그 소리를 듣고 '나쁜 녀석들'이라고 쏘아 주고 싶어서 참을 수가 없었다. 때마침 빠른 속도로 날아가고 있던 그들은 바라나시의 왕궁 위에 이르렀다. 그러나 거북이는 참지 못하고 아이들에게 '나쁜 녀석들'이라고 말하는 순간 물고 있던 막대기를 놓아 버렸다. 결국 거북이는 넓은

왕궁의 뜰에 떨어져 두 조각이 나고 말았다. 죽은 거북이를 본 왕은 보살에게 물었다. "현자여, 이 거북은 무엇을 했기에 떨어졌는가?" 왕에게 충고할 기회를 기다리던 보살은 "대왕님, 쓸모없이 너무 말이 많은 사람은 이 같은 괴로움을 당하게 됩니다"라고 말했다. 왕은 그가 자기를 가리켜 하는 말임을 알고 이후 말이 적어졌다.

  이 이야기는 우화의 형식을 빌어 우리들에게 교훈을 주고 있는데, 불행-행운-불행이라는 전승 구조를 보이고 있다. 즉 날지 못하는 자신의 처지를 한탄하는 거북이의 불행 그리고 친구인 거위들의 우정과 협조로 행운을 맛이하나, 거북이는 자신의 시련 즉 사람들의 놀림을 참지 못함으로 인해 불행으로 끝나고 만다.
  이 이야기의 줄거리는 인내하지 못한 거북이의 어리석음이지만, 그 저변에는 사람들이 무심코 던지는 말로 인한 아픔과 시련이 깔려 있다. 앞서 살펴본 인과응보에서도 인간이 짓는 업 가운데 말로 인해 짓는 업의 무거움과 그 과보에 대해 살펴보았듯이,

이 설화에서도 다른 사람들의 비웃음이나 허튼 말이 상대방에게는 큰 불행이 될 수 있다는 것을 알려준다.

그리고 연기론적인 입장에서 볼 때 거북이의 죽음을 초래한 비웃음은 그로 인해 사람들도 그 과보를 받을 수밖에 없다는 논리를 가져온다. 또한 다른 사람의 놀림으로 인한 불행 그리고 그것을 인내하지 못한 거북이를 내세워 종교적인 복선을 깔고 인내의 슬기를 이야기하고 있다.

이와 같이 인내 있는 행동의 내용은 정반대의 입장에서 인내를 말하고 있는데, 그러한 설명은 유아로 하여금 양자의 다른 점을 쉽게 이해할 수 있게 한다. 또한 그 속에서 유아는 주인공과 함께 여러 가지 시련을 극복하면서 도덕성을 기른다. 예컨대 동일시 단계의 유아는 자신이 주인공과 함께 고난을 이기고 마침내 승리한다는 상상을 하면서 언젠가는 성공할 수 있다는 안도감을 가질 수 있는 것이다.

(3) 초월적인 신비의 주제

대개 동화는 그 나라 특유의 의미와 개념이 첨가되어 있어서 영어의 'Fairy tales' 혹은 독일어의 'Märchen' 등의 구별적 명칭을 붙이기도 한다. 이들 명칭에서 알 수 있듯이 동화는 요정이라든가 마법, 불가사이한 일들이 나타나며 현실의 시간과 공간에 지배되지 않는다는 특성을 지닌다.

그러므로 동화에 등장하는 세계는 초현실 세계와 현실 세계로 대별할 수 있다. 즉 초현실 세계는 마법을 쓰는 세계, 초능력자가 거주하는 세계이며, 현실 세계는 인간계 내지는 동·식물계이다. 톰슨은 동화를 정의하면서, 특정한 지역과 특정한 인물이 없이 비현실의 세계에서 움직이며, 이상야릇함으로 충만되어 있다고 했다. 이는 동화의 소재가 상당히 초현실적인 면을 다루고 있음을 알 수 있게 해준다.

자타카에 등장하는 초월적 신비의 주제는 모두 9편으로 나타났는데, 여영택(1964)이 우리 나라 전래동화 182화를 대상으로 주제를 분석한 결과보다는 약간 많은 숫자를 보이고 있다. 이는 종교성을 띤 설화이므로 신비로운 요소가 더 많았다고 보여지며, 초월적인 힘을 정의롭게 사용한 경우와 사용하지 않은 경우의 설화가 유형별로 나타나고 있다.

그 내용을 분류해 보면, 〈표 7〉에서처럼 크게 네 가지 형태로 나누어 지는데, 이는 샤롯테(연도 미상)의 전래동화의 환타지 분

〈 표 7 〉 초월적인 신비의 주제

경번호	제목	신비의 내용			
		인간에게 신비한 힘 부여	동물에게 신비한 힘 부여	초월적 존재 원조	다른 세계의 삶
48	베답바라는 주문	*			
78	일리사 장로의 전생			*	
196	운마의 전생		*		
220	법당의 전생			*	
241	일체아시의 전생		*		
432	발자국을 잘 아는 동자	*			
449	빛나는 귀고리			*	
457	법천자의 전생				*
521	세 마리 새의 전생		*		

* 해당 주제가 나타난 것

류 내용과 유사하다. 스미스는 "환타지는 독창적인 상상력에서 생기는 것으로서, 그 상상력이란 우리들의 오관으로 알 수 있는 외계의 사물에서 끌어내는 개념을 초월한 보다 깊은 개념을 형성하는 마음의 활동이며 또한 유아가 환타지를 쉽게 받아들이는 까닭은 어린이들에게는 상상력과 경이의 마음이 있기 때문이다."라고 주장하고 있다.

① 인간에게 신비한 힘 부여

초월적 신비의 주제가 인간에게 신비한 힘이 부여된 형태로 나타난 것은 자타카 경 번호 432 「발자국을 잘 아는 동자」와 경 번호 48 「베답바라는 주문의 전생」이다. 먼저 「발자국을 잘 아는 동자」의 이야기는 다음과 같다.

옛날 범여왕이 바라나시에서 나라를 다스리고 있을 때, 그 왕후는 품행이 좋지 못했으므로 왕의 추궁을 받았다. 그래서 "내가 간음을 했다면 나는 마면 야차가 될 것이다"고 맹세하였다. 과연 그 왕후는 죽어 어떤 산기슭에 사는 여자 야차가 되어 바위굴 속에 살게 되었다. 그리하여 사람들을 잡아 먹고 살았다.

그런데 어느 날 어떤 훌륭한 부자 바라문이 많은 종자들을 데리고 그 길을 지나갔다. 종자들이 모두 달아나서 야차는 바라문을 업고 동굴로 갔다. 야차는 바라문과 접촉했기 때문에 번뇌가 생겨 그를 사랑하게 되었다. 그래서 그녀는 그를 남편으로 삼았다. 그리하여 그들은 사이좋게 지냈다.

그녀는 밖에 나갈 때는 바라문이 달아날까 봐 걱정하여 큰 돌

로 동굴 입구를 막아 두고 나갔다. 그들이 이렇게 친하게 지내는 동안 보살은 전생을 마치고 그 바라문을 아버지로 하여 여자 야차의 태 안에 들어 있다가 사내로 태어났다. 보살이 성장한 뒤에 그녀는 그 아버지와 함께 굴 속에 가두어 두고 문을 막았다.

어느 날 보살은 그녀가 나간 줄을 알고 그 돌을 없애 버리고 아버지를 모시고 달아났다.

그녀는 그들이 자신의 활동 영역 밖에 있음을 알고 돌아오라고 탄원하였다. 그러나 그들이 돌아올 수 없다는 것을 알고 보살에게 십이 년을 거슬러 올라가 발자국을 따라갈 수 있는 주문을 주었다. 그리고 아들에 대한 슬픔 때문에 심장이 찢어져 그 자리에 쓰러지면서 죽었다. 보살은 그것을 보고 아버지와 함께 화장을 시켜 주고 슬피 울다가 아버지와 함께 바라나시로 돌아갔다.

그리하여 보살은 왕에게 가서 "십이 년 동안 도둑 맞은 물건이 있으면 그 발자국을 따라가 찾을 수 있다."고 하였다. 왕은 하루에 천금씩 주고 그를 썼다.

어느 날 한 사제관이 그를 시험해 보자고 하였다. 그리하여 왕과 사제관은 보물을 가지고 나와 궁성을 세 번 돈 뒤에 사닥다리를 놓고 담 꼭대기를 넘어 밖으로 나갔다. 그리고는 재판소에 들어가 우선 거기 앉았다가 다시 나와 사닥다리를 놓고 담을 넘어 성내에 내려 못 가로 나가 그 주위를 세 번 돌고 내려가 물 속에 그 보물을 두고 궁성이 있는 높은 누대로 올라갔다.

이튿날 궁성의 보물을 훔쳐 간 사람이 있다는 소문이 퍼졌다. 왕은 모르는 척 보살을 불러 그 보물을 찾도록 하였다. 보살은 마치 자신이 이전에 가져다 둔 것처럼 그 보물을 찾아내어 왕에게 주었다. 사람들은 매우 기뻐하여 손가락을 퉁기며 헝겊을 흔

들었다. 왕은 마음속으로 도둑은 잡을 수 없을 것이라고 생각하고 도둑을 잡아오라고 우겨댔다.

보살은 왕을 보호하기 위해서 여러 가지 이야기를 해주며 도둑이 누구인지 말할 수 없다고 하였다. 그러나 왕은 그 이야기를 이해할 수 없으니 도둑을 잡으라고 말하였다.

결국 보살은 군중 앞에서 국왕과 사제관이 도둑이라는 것을 밝혔다. 사람들은 이 말을 듣고 "백성들을 보호하지 않는 왕을 죽여 버리자"고 하였다. 그리하여 그들은 막대기와 몽둥이를 들고 일어나 왕과 사제관을 그 자리에서 때려 죽였다. 그리고 보살에 대해 관정식을 올리고 왕위에 나아가게 했다.

이는 대항할 수 없는 왕권의 횡포에 대해 동자는 신비한 주문으로 과거의 발자취를 알 수 있는 힘을 지녔지만 금방 해결하는 것이 아니라 용기와 인내로 극복하고 있다. 또 그 형식에 있어 왕이 도둑을 잡아내라고 요구할 때에도 암시적인 비슷한 게송을 몇 번씩 반복하여, 왕에 대한 묘사나 서술을 생략하고서 효과를 올릴 수 있는 강조의 방법을 쓰고 있다. 그 예는 다음과 같이 나타나고 있다.

    학식 있고 노래 잘 하는 저 파타라는
    지금 항하에 빠져 떠내려간다
    당신에게 행운이 내리시기를
    그리고 내게 그 노래 들려주오

    괴로워하고 번민하는 이에게
    은택을 주는 이 물 속에 빠져

나는 지금 죽게 되었거니
의지하는 집에서 두려움이 생겼다

여기서 모든 종자 나서 자라고
온갖 중생들 모두 여기서 산다
그런 땅이 지금 내 머리 쳐부셨나니
의지하는 집에서 두려움이 생겼다

음식을 끓이고 추위를 막는
그 의무를 다하던 그 불은 이제
내 손과 발을 마구 태운다
의지하는 집에서 두려움이 생겼다

많은 바라문과 또 왕족들
그들의 생명을 기르는 음식도
이제 나를 죽이려 하나니
의지하는 집에 두려움이 생겼다

더운 철의 마지막 달인 유월에
어진 사람이 빌어 구하는 그 바람은
지금 내 사지를 모두 부셔 버렸다
의지하는 집에서 두려움이 생겼다

우리가 언제나 편히 사는
이 나무는 불꽃을 퉁긴다
벗들아, 어디로나 빨리 떠나라
의지하는 집에서 두려움이 생겼다

화환으로 꾸미고 전단향을 피우며
기쁨으로 맞이한 그 며느리는
나를 집에서 쫓아냈나니
의지하는 집에 두려움이 생겼다
나는 그가 난 것을 기뻐하였고
그가 잘 살기를 바랐었는데
그는 나를 집에서 쫓아냈나니
의지하는 집에서 두려움이 생겼다

이 시의 안팎에서 모여 온
여러분은 다 내 말 들어라
그 물은 이제 불을 일으키고
편안한 땅에서 두려움이 생겼다

국왕과 그 바라문의 사제관은
지금 이 나라를 약탈하나니
여러분은 스스로 잘 경계하라
의지하는 집에서 두려움이 생겼다

한편 대부분의 전래 동화가 그 형식에서 대립과 반복을 하면서 현실 문제를 선명하게 반영하고 있고, 대개 반복은 마지막엔 현실의 발전 법칙을 반영하여 다른 상태로 전환된다.
「발자국을 아는 동자」도 구비 동화의 요소인 대립과 반복을 판타지 요소를 사용하여 부각시키고 있다. 전래 동화는 대립과 반복의 형식을 취하고 있기에 기억과 구연을 쉽게 한다.
만약 대립과 반복이 없고 모든 인물과 상황이 특수하다면, 구전이 거의 불가능할 것이다. 장덕순 등(1971)은 "이러한 요소 때문에 전래 동화를 쉽게 이해하며 즐길 수 있다."고 그 특징을 말하고 있다.

신비로운 주문을 올바르지 않은 곳에 사용함으로써 죽음에 이르는 설화는 자타카경 번호 48「베답바라는 주문의 전생」이다.

옛날 부라후마닷타왕이 바라나시에서 나라를 다스리고 있을 때의 일이다. 어떤 마을에 사는 어떤 바라문은 '베답바-지운(智雲)'이라는 주문을 잘 알고 있었다. 그 주문은 매우 귀중한 것으로서, 달이 월숙(月宿)과 합쳐질 때 이 주문을 되풀이해 외우면서 허공을 바라보면 허공에서 칠보의 비가 내려왔다.

그 때에 보살은 그 바라문 밑에서 기술을 배우고 있었다. 어느 날 바라문은 보살을 데리고 볼 일을 보기 위해 그 마을을 떠나 체티야국으로 가려 하였는데, 도중에 오백 명의 강도에게 붙잡혔다.

도적은 바라문만 붙들어 두고 그 제자 보살은 보내주었다. 보살은 스승에게 경례하고 어떠한 고통이 있더라도 칠보의 비를 내리는 주문을 하지 말라고 당부하고 재산을 가지러 떠났다. 저녁이 되어 도적들이 바라문을 결박하자, 그는 그 날이 달과 월숙이 합쳐지는 현상이 일어나는 날이기 때문에 보물비를 내리게 해주고 자유로운 몸이 되었다.

그런데 그 때 다른 오백 명의 도적이 나타나 이 도적들을 포박하였다. 도적들은 바라문이 보물비를 내리게 할 수 있다고 말하고 풀려났다. 두 번째 도적들은 그들에게도 보물을 달라고 하면서 바라문을 결박했다. 바라문은 보물비가 내리는 현상은 일 년에 한 번만 일어나게 할 수 있으므로 일 년을 기다려야 된다고 하였다.

그래서 도적들은 바라문을 죽이고 첫째 도적들과 싸워 그들을 죽이고 그 보물을 모두 빼앗았다. 다음에 그들은 두 파로 갈라져 싸워 이백 오십 인이 죽었다. 이와 같이 마지막에 두 사람만 남을 때까지 서로 싸웠다. 이리하여 구백 구십팔 명이 모두 죽었다.

이에 최후로 살아남은 두 사람은 보물을 운반하여 어느 숲속에 숨겨 두었다. 그리고 한 사람은 칼을 들고 지키고 있는 동안에 다른 한 사람은 밥을 짓기 위해 쌀을 구하러 마을로 들어갔다. 보물 가까이에 있던 도적은 칼로 무장을 하고 그가 돌아오면 칼로 죽일 것을 생각하였고, 밥을 구하러 간 도적은 밥에 독을 넣어 그를 죽이려고 하였다. 이리하여 그 재물 때문에 천명이 모두 죽었다.

한편 보살은 재물을 마련해 가지고 돌아왔다. 그러나 스승은 보이지 않고 그 장소에 보물이 흩어져 있었다. 그는 그것을 보고 '스승이 내 충고를 듣지 않고 스스로 멸망하였을 뿐 아니라 천 사람이 모두 멸망하게 되었다. 진실로 바르지 못한 그릇된 수단으로 제 이익을 바라는 사람은 우리 스승처럼 죽음을 부르게 되는 것이다' 고 생각하였다. 그리하여 그는 재물을 싣고 집으로 돌아와, 보시 등의 선을 행하면서 살다가 죽은 뒤에는 천상 세계에 났다.

이 설화는 환타지의 요소가 마법의 힘이 넘치고, 신비한 것이기는 하나 그것이 성실과 진실을 바탕으로 해야 한다는 교훈성을 내포하고 있다. 즉 바라문이 신비한 주문을 외워 하늘에서 칠

보비를 내려오게 하나, 자신의 안일만을 생각하여 결국 파멸에 이르고 만다. 설화의 전개에 있어서 바라문이 도둑에게 잡히고 보물을 빼앗기고 하는 긴장감과 변화 속에 유아들은 환타지로 인한 즐거움에 빠지면서 정사(正邪)와 선악(善惡)의 개념을 형성할 수 있을 것이다.

② 동물에게 신비한 힘 부여

자타카 중 동물에게 신비한 힘을 부여한 설화는 「세 마리 새의 전생」과 「운마의 전생」이다. 이들 동물들은 사고 능력, 언어 구사, 날아다니는 힘 등을 지니고, 어려운 처지를 잘 모면케 하는 이로운 보조자 역할을 맡고 있다. 다음의 예는 자타카 경 번호 521 「세 마리 새의 전생」이다.

옛날 바라나시의 범여왕에게는 아들이 없었다. 아무리 원했으나 아들도 딸로 낳지 못했다.
어느 날 왕은 많은 종자를 데리고 동산에 나가 놀다가 사라나무 밑에서 잠깐 잠이 들었다가 깨어 사라나무 위를 올려다보았는데 거기에 새집이 있었다. 그 새집에는 세 개의 새알이 있었는데, 하나는 올빼미의 알이고, 하나는 구관조의 알이며, 다른 하나는 앵무새의 알이었다. 왕은 그 세 개의 새알을 자신의 아들들로 삼을 것이라 하고는 세 명의 대신들에게 그것을 잘 보관해 줄 것을 당부하였다.
얼마가 지나 알들이 깨어나자 숫놈 올빼미는 벳산타로, 암놈 구관조는 쿤다리니로, 수놈 앵무새는 쟌부카로 이름 짓고 언제나 그 새들을 내 아들아, 내 딸아 하고 부르며 정성으로 대하였다. 그러나 이를 본 대신들은 왕의 행동을 비웃었다. 왕은 자신의 아이들에게 어떤 지혜가 있는지를 알려 주리라 하였다.

    왕은 많은 사람들 가운데서 벳산타에게 왕도에 대한 질문을 하였다. 그러자 벳산타는 먼저 왕의 게으름을 탓하는 게송을 읊고 나서 열 한 게송으로 부처님처럼 왕도에 대한 왕의 질문을 잘 대답했으므로, 많은 사람들은 마음으로 감탄을 하였다. 왕은 못내 기뻐하면서 벳산타에게 대장군의 직책을 주었다. 그는 그 뒤로 대장군의 지위에 있으면서 아버지의 일을 도왔다.

  왕은 또 며칠 뒤 쿤다리니를 불러 왕도를 물었다. 쿤다리니도 열 한 게송으로 설법했다. 이에 왕은 매우 기뻐하여 대장 대신의 직위를 주고 자신의 일을 돕도록 하였다.

  왕은 또 며칠 뒤 지혜로운 쟌부카에게 사람을 보내어 부른 뒤 모든 힘 가운데의 최상의 힘을 말해 보라는 질문을 하였다. 이렇게 왕은 보살(쟌부카)에게는 다른 사람에게 질문한 것처럼 묻지 않고 특별한 방법으로 물었다. 그러자 보살은 은하(銀河)를 쏟는 듯 부처님처럼 잘 설법했다. 많은 사람들은 큰 경의를 표하면서 찬사를 보냈다. 왕은 매우 기뻐하며 쟌부카에게 대장군의 지위를 주었다. 그래서 그는 그 뒤로 장군의 지위에 나아가 아버지의 일을 도왔다.

  그들 세 마리의 새는 다 큰 존경을 받고 사상(事相)과 이상(理相)을 잘 설명했다. 왕은 보살의 훈계를 따라 보시 등 선업을 행하다가 죽어서는 천상에 났다. 대신들은 왕의 장례를 마치고 쟌부카에게 나라를 맡기려 하였으나 그는 그들에게 계법을 지키게 하고는 재판하는 법을 황금 판자에 새겨 두고 자기는 숲 속으로 들어갔다. 그의 가르침은 사천년 동안 계속 되었다.

한편 자타카 경 번호 196「운마의 전생」에서는 비록 동물이지만 사람들의 생명을 구해내는 지혜로운 동물의 이야기를 들려주고 있다.

옛날 세이론에 시리밧두라는 야차의 거리가 있는데 여기 야차 여자가 살고 있었다. 파선 당한 배가 있을 때에는 언제나 아름답게 꾸미고 밥과 죽을 가지고 와서 여자의 매력으로 그들을 현혹시켜 야차의 거리로 데리고 갔다. 그리고는 만일 먼저 잡아 온 사람이 있으면 사슬로 그를 묶어 파멸(破滅)의 집에 던져 넣어 잡아 먹곤 하였다.

어느 날 오백명 상인들이 파선을 당해 그 거리 가까이까지 떠내려 왔다. 야차 여자는 그들을 현혹시켜 야차 거리로 데리고 가서, 먼저 잡아 두었던 사람은 파멸의 집에 던져 두고 야차의 우두머리는 상인의 우두머리를, 그 밖의 야차 여자는 남은 상인을, 이렇게 오백의 야차 여자는 오백의 상인들을 남편으로 삼았다.

그 때에 상인의 우두머리는 밤에 몰래 파멸의 집에 묶어 둔 사람을 잡아 먹고 온 야차의 우두머리 여자의 몸이 찬 것을 알아보고, 그가 야차임을 알고는 도망갈 계획을 세웠다. 다음날 다른 상인들에게 함께 도망갈 것을 말하였으나 이백 오십명의 상인들은 그 여자들을 버릴 수 없다하여 그의 충고를 따르는 이백오십명만을 데리고 거기서 달아났다.

그런데 그 때 보살은 운마(雲馬)로 태어났다. 그는 "사람이 살고 있는 곳으로 가고 싶은 이는 없읍니까?"하고 외쳤다. 상인들은 이를 듣고 그에게 합장하며 자신들을 데려가 줄 것을 요청하였다. 이에 보살은 이백 오십명의 상인들을 그의 신통의 힘으로 모두 데려가 제 집에서 편히 살게 하고 자신도 저 사는 곳으로 돌아갔다.

그런데 거기 남아 있던 이백 오십 명의 상인들은 다른 사람들이 그곳에 왔을 때 야차들에게 다 잡아먹히고 말았다.

그와 반대로 처지를 더 어렵게 하는데 한 몫을 하는 설화는 자타카 경 번호 241 「일체아시의 전생」이다.

옛날 범여왕이 바라나시에서 나라를 다스리고 있을 때, 보살은 그 사제관으로서 세 가지 베다와 열여덟 가지 학술에 숙달하였다. 그리고 세계항복신주라는 주문도 알았는데 그것은 승군(勝軍)의 신주(神呪)였다.

어느 날 보살은 그 신주를 외우려고 숲속의 빈땅에 있는 돌 위에 앉았다. 그 신주는 계율을 지키지 않는 사람에게는 들려서는 안 된다는 것이었으므로 그런 장소에서 외웠던 것이다.

그런데 승냥이 한 마리가 제 굴속에 누워 있으면서 그 신주를 듣고 다 외워 버렸다. 승냥이가 굴에서 나와 "그 신주는 내가 더 잘 외우고 있다."고 하고 도망쳐 달아나자, 보살은 승냥이를 잡으려고 그 뒤를 쫓아갔다. 승냥이는 세계항복신주를 외워 수백 마리 승냥이에게 명령을 내리고 네 발 달린 짐승을 모두 제 곁에 오게 했다. 그리하여 그는 일체아시라는 승냥이왕이 되고 암승냥이 한 마리를 왕비로 삼았다.

두 마리 코끼리 등에 사자가 타고 사자 등에는 일체아시와 왕비가 함께 올라앉아 모두의 큰 경례를 받았다. 큰 경례를 받자 그는 교만한 마음이 생겨 바라나시를 빼앗으려는 생각이 났다.

그리하여 네 발 짐승들의 호위를 받으면서 바라나시 부근까지 왔다. 그 행렬의 길이는 십이 유순이었다. 그는 성 부근에 와서 "나라를 내놓지 않으면 싸움이다."라고 왕에게 사자를 보냈다. 바라나시의 주민들은 두려워 떨면서 성문을 닫았다.

　보살은 왕에게 가서 자신이 책임을 지겠다고 하며 왕과 그 주민들을 안심시켰다. 그리고 먼저 어떤 수단으로 저 일체아시가 이 나라를 빼앗으려 하는가 물어 보았다. 일체아시가 "사자를 크게 외치게 하여 사람들이 매우 놀라 죽게 한 뒤에 그 나라를 빼앗으려 한다."고 말하자 보살은 "십이 유순에 있는 사람들은 다 콩가루 반죽으로 귀를 막으라."고 포고하였다.

　일체아시는 제가 타고 있는 사자에게 외치라고 신호했다. 사자는 코끼리에 대고 소리를 쳤다. 코끼리는 깜짝 놀라 승냥이를 등에서 떨어뜨려 발로 짓밟아 가루를 만들었다. 그 소리에 놀라 코끼리들은 서로 차고 받고 하여 모두 그 자리에서 죽었다. 그 밖의 모든 네 발 달린 짐승도 그 자리에서 죽었고 사자는 숲속으로 들어갔다.

　그리하여 십이 유순 안에는 짐승들 시체가 깔려 있었다. 보살은 "귀마개를 없애 버리고 고기 먹고 싶은 사람은 저기 가서 저 짐승들을 들고 오라."하고 북을 치며 성안으로 돌아다니게 하였다. 사람들은 모두 그 날고기를 먹고 남은 것은 포(脯)를 만들었다. 고기포는 그 때부터 시작된 것이라 한다.

　이 설화는 다소 교훈적인 이야기로 자칫 딱딱할 수 있으나, 넌센스와 우스운 재미스러움을 집어 놓을 여지도 가지고 있다. 전설 속의 초월자는 외적으로는 인간과 가까이에 있지만, 정신적으로는 인간과 원격한 곳에 있다. 또한 등장 동물이 의인화되어 말을 하면 공포와 놀라움이 뒤범벅된다. 그러나 설화에서 주인공은 그것들을 자기와 같은 차원에 속해 있다고 생각한다. 발달 단계에 있어 유아는 애니미즘(animism)을 신봉하는, 즉 물활론적인 사고의 특성을 지니고 있다.

따라서 동물에게 신비한 힘이 부여된 이야기 전개에 대해 유아는 동요 없이 받아들일 수 있고, 자신의 감정이입(empathy)으로 풍요로운 정신 생활을 가능하게 할 수 있다.

③ 초월적 신비의 존재

초월적인 존재가 원조이나 변신으로 주인공을 돕고 있는 경우는 선한 사람을 돕는 경우와 악한 사람을 응징하는 경우로 나누어 볼 수 있다. 선한 사람을 돕는 경우의 자타카 경 번호 220 「법당의 전생」은 정직하고 성실한 재판관을 위해 왕의 무리한 요구(하루 만에 연못, 상아누각, 보주 등을 만들라는 요구)를 제석천의 도움으로 이루고 있다.

옛날 야사바니라는 왕이 바라나시에서 나라를 다스리고 있을 때, 그 장군의 이름을 카라카라 하였다. 그 때에 보살은 왕의 사제관으로서 이름을 담맛다쟈라 하였다. 그리고 왕의 머리를 장식하는 이발사는 그 이름을 찻타파니라 하였다.

왕은 정의로 나라를 다스렸으나 그 장군은 왕의 재판을 집행하면서 뇌물을 받고 그 뇌물로 살찐 사람이요 또 남을 참소하고 비방하는 사내였다. 뇌물을 받고는 소유주가 아닌 사람을 소유주라 하는 것이었다.

어느 날 재판에 진 어떤 사내가 팔을 벌리고 울부짖으면서 재판소에서 나오다가 마침 왕의 문안을 나가는 보살을 보고 패소한 사정을 이야기하였다. 보살은 가엾이 여기는 마음이 일어나 그를 데리고 재판소로 갔다. 많은 사람들이 몰려왔다. 보살은 그 재판을 다시 하여 참 소유주를 소유주라 판결하였다. 이 때 박수하고 갈채하는 대중의 소리는 대단하였다. 왕은 그 소리를 듣고 대신에게 무슨 소리인지 물었다.

왕은 보살이 현명하게 재판을 한다는 말을 듣고 법관의 자리에 앉게 하였다. 그 뒤로 보살은 재판소에 앉아 공정하게 재판하였다. 카라카는 뇌물이 들어오지 않아 벌이가 없게 되었으므로 왕에게 보살이 나라를 탐내고 있다고 말하며 왕과 보살 사이를 이간질하였다.

그러나 왕은 이를 믿지 않았다. 그러자 카라카는 온 성안 사람들이 그의 손 안에 있다고 말하였다. 왕은 보살에게 사건을 호소하러 오는 많은 사람들을 바라보고는 '과연 저 사람들이 다 그를 따르는 사람들이다.' 생각하고 보살에 대해 마음이 완전히 떠나고 말았다.

카라카는 왕에게 보살을 죽여야 된다면서 그가 할 수 없는 일을 시키고 그 죄로 그를 죽이도록 말하였다. 그래서 왕은 보살을 불러 하루 만에 정원, 칠보의 연못, 상아 누각, 보주를 만들라고 명하였다. 보살은 제석천왕의 도움으로 그것들을 만들었다. 왕은 그것을 보고 네 가지 덕을 두루 갖춘 인간을 만들라고 했다. 보살은 제석천왕도 그 사람을 만들 수 없다는 것을 알고 숲속에서 죽으려고 하였다.

이에 제석천왕은 그러한 사람을 만들 수는 없지만 왕의 머리를 꾸미는 이발사 찻타파니라는 사람이 네 가지 덕을 갖추고 있다고 말하라고 하였다. 보살은 그 손을 잡고 왕의 앞으로 가서 그를 동산지기로 쓰라고 말하였다. 찻타파니가 그 네 가지 덕을

다 말했을 때 왕은 그 신하들에게 신호하였다. 그러나 그 신하들과 바라문 거사들은 카라카의 손발을 붙잡아 왕궁에서 끌어내었다.

  그리고 돌이나 막대기나 무엇이나 들고 그 머리를 때려 그가 죽은 뒤에는 그 발을 잡아끌고 가서 쓰레기 무더기에 던져 버렸다. 그 뒤로 왕은 정의로 나라를 다스리다가 그 업보를 따라 이 세상을 떠났다.

  전래 동화는 그 구성 요소로 안성맞춤의 적중성을 갖고 있다. 즉 동화의 주인공이 극한 상황에 부딪치면, 주인공이 필요로 하는 바로 그 찰나에 절대자가 홀연히 출현 혹은 원조하는데, 예컨대 「해님 달님」에서처럼 호랑이에게 잡힐 듯 말 듯한 그 찰나에 하늘에서 동아줄이 내려와 승천하는 경우이다.

  앞에 줄거리를 나열한 「법당의 전생」에도 주인공이 현실적으로 도저히 실현할 수 없는 상황, 그리고 이루지 못하면 죽음에 이르는 화급한 시기에 제석천이 출현, 원조해 주고 있는데 이는 전래 동화의 중요 성격의 하나인 시간의 적중성이라 할 수 있다.

  그밖에 제석천이 자의로 변신하여 악한 사람을 응징 또는 깨우침을 주는 설화로는 자타카 경 번호 78 「일리사 장로의 전생」과 경 번호 449 「빛나는 귀고리의 전생」이 있다. 「일리사 장로의 전생」은 인색한 아들을 위해 죽어 제석천이 된 아버지가 아들과 같은 모습으로 변신하여 가난한 사람에게 재산을 급여하여 주며, 결국 아들로 하여금 깨닫게 하여 선행을 베풀게 한다는 이야기인데, 마치 우리 나라 민속 설화인 「옹고집전」과 유사한 형태를 띠고 있다.

옛날 부라후마닷타왕이 바라나시에서 나라를 다스리고 있을 때, 일리사라는 장자가 있었다. 그는 팔 억의 재산을 가졌으나 사람으로서의 온갖 결점을 다 갖추어 절름발이로서 꼽추요 또 애꾸였으며, 인색하고 그릇된 소견을 가졌으며 탐욕이 많아 남에게도 보시하지 않고 저도 쓰지 않으므로 그 집은 나찰 귀신이 차지한 연못 같았다.

그 조상은 칠 대로 내려오면서 모두 자선가였었는데 이 사람이 장자의 지위를 상속받자 그 가법을 버리고는 자선당을 불살라 버리고 가난한 거지가 오면 그를 때려 내쫓고 오직 재산만을 소중히 지켰다.

어느 날 그는 왕에게 봉사하고 집으로 돌아오는 도중에 길을 걷다가 지친 어떤 촌사람이 의자에 걸터앉아 썩은 생선을 안주로 술을 마시고 있는 것을 보았다. 이것을 본 그도 술이 마시고 싶었다. 그러나 그는 자기가 술을 마시면 가족이 다 마시고 싶어하고 그렇게 되면 재산이 줄 것을 걱정해서 술 마시고 싶은 마음을 억제하였다.

드디어 더 견딜 수가 없었던 장자는 물에 잠긴 솜처럼 몸은 누른빛을 띄고 혈관이 드러났다. 괴로움에 침대를 부둥켜안고 있자 아내가 무슨 일인지 물었다. 그가 술을 마시고 싶어하는 것을

안 아내는 술을 먹으라고 부탁하였다. 그는 하인에게 술을 사 오라고 시키고 난 다음 숲속에서 혼자 앉아 술을 마셨다.

한편 그 아버지는 보시 등 자선 사업을 행하다가 천상 세계의 제석천왕이 되었다. 그는 인간 세계를 살펴보다가 그 아들이 가법을 깨뜨리고 탐욕을 고집하며 혼자 술을 마시는 것을 보았다.

그는 그 아들을 교화시켜야겠다고 생각하였다. 때문에 인간 세계에 내려와 일리사 장자와 구별되지 않기 위해 그와 같은 모습을 하였다. 그리고 왕궁으로 들어가 왕에게 자신의 재산을 보시하겠다고 말하였다. 그는 일리사 장자의 집으로 가서 문지기에게 그와 같은 모습으로 들어오려는 자가 있으면 등을 때려서 쫓아내 버리라고 명하였다. 그리고 장자의 아내를 불러 보시를 하자고 하였다. 그리고 북을 울려 온 시민들에게 창고에 있는 것을 마음껏 가져가라고 알렸다.

그러자 어떤 촌사람이 일리사 장자의 공을 찬탄하면서 지나가는데 이 소리를 들은 진짜 장자는 놀라서 덤불에서 나왔다. 그는 곧 자기 집으로 달려가서, 문에서 재산을 들고 가는 사람들을 보고 닥치는 대로 붙들었다.

그러자 사람들은 그를 때리고 차고 하였다. 그가 미친 듯이 집으로 들어가려 하자, 문지기는 대막대기로 때리고 목덜미를 붙잡아 끌어내렸다.

결국 그는 왕에게 가서 자신의 재산을 보시한 적이 없다고 따졌다. 그러자 왕은 사람을 보내어 일리사 장자의 모습을 한 제석천을 불렀다. 그러나 왕도 대신들도 그들 두 사람을 구별할 수 없었다. 아내와 아이들과 노비들은 제석천이 진짜 장자라고 하였다. 이발사를 불렀으나 그도 구별할 수 없었다. 장자는 재산 걱정에 그 자리에 쓰러졌다.

그 때에 제석천은 자신의 모습을 드러내었다. 그리고 일리사 장자에게 말하였다. "나는 너의 아버지이다. 그러므로 그 재산은 내 것이다. 너는 본래대로 자선당을 세우고 자선 사업을 해야 한다. 그렇지 않으면 재산을 모두 없애고 금강저로 머리를 깨뜨려 죽일 것이다." 일리사 장자는 죽음을 두려워해 벌벌 떨면서 자선 사업을 하겠다고 맹세하였다. 제석천은 그 맹세를 받고 공중에 앉아 설법하여 그로 하여금 오계를 굳게 지키게 하고 천상 세계로 돌아갔다. 일리사도 보시 등 자선을 행하면서 살다가 죽어서는 천상 세계에 났다.

또 「빛나는 귀고리의 전생」은 아들의 무덤에서 애통해하는 장자를 위해 제석이 동자로 변신, 동자를 내세워 아름답게 표현하고 있다.

옛날 범여왕이 바라나시에서 나라를 다스리고 있을 때, 어떤 유력한 바라문의 아들이 어렸을 때 병으로 죽어 천상 세계에 났다. 그런데 그 바라문은 아들을 잃은 뒤로는 묘지에 가서 한 덩이 재의 주위를 돌면서 마냥 슬퍼하였고 나머지 만사를 그만 두고 다만 시름에 잠겨 있었다.
천신의 아들(보살)은 그 광경을 보고 '무슨 방법으로든지 저 사람을 슬픔에서 건져 주리라.' 생각하고 그 묘지로 갔다. 마침 그 아버지가 와서 슬퍼하고 있을 때 보살은 바라문의 아들 모양으로 변해 몸을 아름답게 꾸미고 한쪽에 나타나 두 손을 머리에 얹고 큰 소리로 슬피 울부짖었다. 장자는 죽은 아들 생각에 선뜻 가장 좋은 바퀴를 달아 준다 한다. 동자는 "황금 마차 바퀴는 해와 달뿐이에요." 한다. 장자가 "그것은 얻을 수 없다." 하자, 동자는, "보이는 것도 얻을 수 없는데, 하물며 보이지 않는 것을 얻으려 하느냐."는 충고를 한다.

바라문은 이 말을 듣고 비로소 깨닫고는 슬픔에서 벗어나 그에게 감사하였다. 이에 동자는 "바라문님, 그 아들은 바로 나입니다. 지금부터 슬퍼하지 마시고 다만 보시를 행하고 계율을 지키며 보살행을 게을리 하지 마십시오."고 말하고 자기 처소, 곧 천국으로 돌아갔다. 그리하여 바라문도 그 말을 지켜 보시 등 덕행을 행하다가 죽어서는 천계에 났다.

이 설화의 저변에 깔린 아이디어는 지혜를 열게 하는 다분히 철학적인 인생관을 어린이의 눈으로 포착하는 데에 있다. 무릇 훌륭한 책이 모두 그러하듯이 책 속에 감추어진 정신은, 한 세대에서 다음 세대에게 전할 그 무엇을 지니고 있다.

예컨대 생각이 깊은 어린이라면 언젠가 생각을 헤아려 본 적이 있는 정신의 세계를 암시 받을 수 있으므로, 연기 내지는 무상(無常)의 세계를 어떤 어린이에게라도 얘기할 수 있다는 것이다.

④ 다른 세계의 삶

마지막으로 초월적 신비의 주제에 속하는 것은 다른 세계의 삶에 관한 것이 있는데, 대표적인 설화가 자타카 경 번호 457 「법천자의 전생」이다.

옛날 범여왕이 바라나시에서 나라를 다스리고 있을 때, 보살은 욕심 세계에서 법(法)이라는 천자로 태어났고 제

바달다는 비법(非法)이라는 천자로 있었다. 이 중 법천자는 천상의 장엄으로 꾸민 우미한 하늘 수레를 타고 천녀들에 둘러 싸여 보름날 재계일(齋戒日) 저녁때에 마을과 거리와 도시에서 사람들이 저녁을 먹고 각기 집 앞에서 즐겁게 이야기하며 앉아 있을 때 공중에서 살생 등 열 가지 악업의 길을 떠나 부모를 효도로 봉양하는 법, 세 가지 선행의 법을 권하면서 전 세계를 오른쪽으로 돌았다. 그런데 비법천자는 생물을 죽이라는 등 열 가지 악업의 도를 권하면서 세계를 왼쪽으로 돌았다.

  그 때에 그들의 수레가 공중에서 충돌했다. 그러자 그들의 무리들은 서로 누구인지 물었다. 법천자는 비법천자에게 길을 사양하라고 하였다. 그리고 선법을 위해 어떤 고난도 다 받으며 비법천자를 물리쳤다. 비법천자는 수레 위에 서지 못하고 머리부터 땅에 떨어지고 땅은 갈라져 그는 땅 속으로 들어가 무간 지옥에 났다.

  위의 이야기 속에는 하늘의 세계도 인간 세계와 같이 선악이 존재하고, 결국 선이 승리한다는 사건의 적중성을 보이고 있다.
  살펴본 바처럼 자타카의 초월적 신비의 설화는, 전래 동화가 지니는 환타지의 중요 성격을 지니고 이야기가 전개되고 있으며, 현실 세계와 비현실 세계가 서로 자유롭게 왕래하고 있다. 또한 초월자 내지는 동물과도 스스럼없이 만나 함께 행동하고,

도움을 받고 있다. 그러면서 주인공을 통해 인간 세계의 근본 문제 즉, 선과 악, 정과 사, 무상, 진실의 내용을 판타지를 이용하여 다루고 있는데, 지각이 있는 어린이는 이 이야기 밑에 흐르는 의미를 어느 정도 느끼며, 그들을 둘러싼 세계에 대해서 더욱 민감한 마음을 가지게 될 수 있는 것이다.

2) 불전설화 속의 인물 유형

연구 대상 자타카 65편을 중심으로 인물 유형을 살펴본 결과, 인간, 의인화된 동물, 초월적인 신비의 존재로 그 형태를 나타내고 있었다. 인물의 생김새나 성격, 나이 등 개별적 특징은 그것이 사건과 긴밀한 관계가 있지 않는 한 묘사되지 않았고, 설화에 환상적인 요소를 부여하는 의인화된 동물, 초월적 신비의 존재가 많이 등장하고 있었다. 본 절에서는 각 인물의 유형을 구체적으로 표를 통해 살펴보았다.

(1) 인 간

분석 대상 65편 중 인간이 등장하는 편수는 총 43편이다. 그 유형별로 빈도를 알아본 결과는 〈표 8〉에 제시되어 있다.

〈표 8〉에 의하면, 성인은 58명인데 비해 아동은 불과 5명밖에 등장하지 않고 있다. 대부분의 전래 동화 인물 유형 분석에 의하면, 아동보다는 성인이 훨씬 많이 등장하고 있고, 자타카도 역시 같은 양상을 보이고 있다. 이는 구비·전승되어온 이야기가 정착하여 설화 문학을 이루었고, 설화의 재화자가 성인이며, 사건

〈 표 8 〉 등장 인간의 지위 유형

성 별 명칭＼지위	남 자 (58)										
	왕	상인	신하	평민	사냥꾼	바라문	도둑	농부	왕자	동자	기타
성 인(54)	17	7	6	6	4	3	3	2			6
아 동(4)	1								1	2	

성 별 명칭＼지위	여 자 (5)			
	할머니	어머니	딸	손녀
성 인(4)	2	1	1	
아 동(1)				1

역시 성인 세계의 반영이기 때문이라고 할 수 있다.

그러나 자타카에 등장하는 성인은 지혜로운 사람, 어리석은 사람, 선한 사람, 악한 사람 등으로 표현되지만, 남자 아동 4명은 지혜롭고 신비한 힘을 지녀 성인에게 가르침을 주는 인물로 등장한다. 이는 불교에서 보는 아동은 일차적으로 보호하고 교육해야 하지만, 인간은 누구나 불성을 지니고 있으므로 비록 어리나 아동 역시 자신의 의지와 창의성 개발로 깨달음의 세계로 들어갈 수 있다는 불교 인간관의 반영이라 할 수 있다.

예컨대 이러한 사상은 아동은 더이상 약자 그리고 무능력자가 아닌 무한한 가능성의 잠재력을 지닌 존재로 인정하는 현대 아동학에서 제시하는 아동관과 일맥 상통한다 할 수 있다.

한편 등장하는 인간들의 신분 계층을 보면, 남자의 경우 다양한 계층의 신분 형태를 보이고 있지만, 여자는 단지 명칭만을 지니고 있다. 또 남자는 성인과 아동을 합쳐서 58명인데 비해, 여자는 전체적으로 5명에 불과하다. 이처럼 여성의 등장이 적고 신분도 다양하지 못한 것은 설화가 창작되던 당시의 사회 형태가 부권 중심이었으며, 여성이 직업을 가질 수 없고 사회 활동을 할 수 없는 남존여비의 사회 풍조가 여실히 반영된 것이 그 원인이라 할 수 있다.

또 다른 신분에 비해 왕이 가장 높은 등장 빈도를 보이고 있는 것은, 창작 당시 사회가 왕권 중심의 사회였던 시대상의 반영이라고 할 수 있고, 현명한 왕도 있는 반면, 자타카 경 번호 22 「개의 전생」에서처럼 동물에게 가르침을 받는 어리석은 왕도 있고, 자타카 경 번호 432 「발자국을 잘 아는 동자」에서처럼 폭군으로 군림하다가 결국에는 파경에 이르는 왕도 있으며, 자타카 경 번호 438 「사라바 사슴의 전생」에서처럼 사슴에게 도움을 받는 왕 등 현명한 왕보다 그렇지 못한 왕이 더 많이 등장하고 있다. 예를 들어, 다음은 「개의 전생」의 줄거리이다.

옛날 바라나시에서 부라후마닷타왕이 나라를 다스리고 있을 때, 보살은 그 업을 따라 개로 태어나서, 몇백 마리의 개에 둘러싸여 큰 묘지에 살고 있었다.

어느 날 왕이 아끼는 아름다운 수레의 젖은 가죽끈을 궁에서 기르는 귀한 종자의 개들이 먹어 버렸다. 왕은 가죽끈이 없어진 것을 알고 불같이 화를 내었는데, 하수구로 개들이 들어와 그것을 먹었다는 사람들의 말을 듣고는 보이는 족족 개들을 죽여 버리라는 명을 내리었다.

이에 개들은 묘지에 있던 보살에게 다 도망쳐 오게 되었다. 보살은 개들이 왕궁에 들어갈 수 없으므로 가죽끈을 먹은 것은 궁 안에 있는 귀한 종자의 개들임에도 불구하고, 왕이 죄없는 개들을 죽이는 것이라 여기고 왕에게 홀로 찾아갔다.

보살은 왕에게 개들이 가죽끈을 먹었다는 증거도 없이 개들을 죽이는 행동은 취미를 위해 무리(無理)를 행하는 것이며 그것은 정의가 아니라는 게송을 읊는다. 이에 왕은 현자에게 가죽끈을 먹은 개를 밝혀 주기를 요청하고, 보살은 낙장과 길상초를 이용하여 귀한 종자의 개들이 먹은 가죽끈을 토해 내도록 하였다.

보살은 십수(十首)의 정행게(正行偈)를 읊어, 왕에게 정의를 설명하고 오계(五戒)를 주었다. 왕은 보살의 설법을 듣고 모든 중생들에게 무외(無畏)를 보시하면서 보살을 비롯한 개들에게 자신이 먹는 것을 날마다 공양하게 하였다.

이 '개의 교훈'은 일 만년 동안 계속하였고, 보살도 정명(定命)을 마치고 업보를 따라 이 세상을 떠났다.

이러한 추세는 설화의 재화자나 창작자가 당시 사회 구조상 왕권에 감히 도전할 수 없으나 그들의 욕구 불만이나 갈망의 요구를 설화의 등장물을 통해 대리 경험, 간접 경험의 보상적인 만족감을 얻고 싶은 욕구에서일 것이며, 그들의 후세에게 희망과 용기를 주려는 정신적인 교훈에서 비롯되었다고 본다.

〈 표 9 〉 의인화된 동물 목록

경 번호	제　　　목	의인화된 동물
12	용수록의 전생	사슴
20	노음촌의 전생	원숭이
22	개의 전생	개
23	준마의 전생	말
28	환희만이라는 소의 전생	소
29	검은 소의 전생	소
33	화합의 전생	메추리
37	자고새의 전생	자고새, 코끼리, 원숭이
38	청로의 전생	게, 해오라기
42	비둘기의 전생	비둘기, 까마귀
73	참말의 전생	쥐, 뱀, 앵무새
128	고양이의 전생	고양이, 쥐
137	고양이의 전생	쥐, 고양이
157	유덕의 전생	사자, 승냥이
196	운마의 전생	말
204	비라카 까마귀의 전생	까마귀, 물새
208	악어의 전생	원숭이, 악어
215	거북의 전생	거북이, 거위
241	일체아시의 전생	승냥이
270	올빼미의 전생	올빼미, 까마귀
283	공장양저의 전생	호랑이, 돼지
308	속질조의 전생	사자, 딱따구리
316	토끼의 전생	토끼, 원숭이, 승냥이, 수달
335	승냥이의 전생	사자, 승냥이
357	메추리의 전생	코끼리, 메추리
359	금록의 전생	사슴
383	닭의 전생	고양이, 닭
389	금빛게의 전생	게, 까마귀, 뱀
397	생 사자의 전생	사자, 승냥이
400	담바풀꽃(초화)의 전생	수달, 승냥이
407	큰 원숭이의 전생	원숭이
437	푸티만사 승냥이의 전생	승냥이, 산양
483	사라바 사슴의 전생	사슴
521	세 마리 새의 전생	올빼미, 고관조, 앵무새
534	큰 거위의 전생	거위

<표 10> 의인화된 동물의 등장 빈도

동물	승냥이	원숭이	사자	사슴	까마귀	말	소	뱀	코끼리	쥐	수달	메추리
빈도	7	5	4	4	4	3	2	2	2	2	2	2

동물	올빼미	거위	게	기타(호랑이, 악어, 비둘기 등)	합계
빈도	2	2	2	14	59

(2) 의인화된 동물

자타카에 등장하는 주인공들은 꼭 인간만이 아니다. 여기에 나타나는 많은 동물들은 마치 인간처럼 생각하고 행동하며, 때로는 우둔하고 어리석은 인간들에게 충고를 하는 영특하고 지혜로운 주인공으로 등장하고 있다.

이것은 물활론적 사고를 하는 유아들의 특성에 매우 부합되는 형태로, 이들에게 즐거움을 준다.

이처럼 의인화된 동물이 주인공으로 등장한 경우는 대상 설화 65편 중 35편이었고, 그 종류는 30종이었다. 각 이야기별로 등장한 의인화된 동물의 종류를 분석한 결과는 앞의 <표 9>에 자세히 제시되어 있다.

의인화된 동물이 주인공으로 등장하는 경우가 많은 것은, 앞서 살펴보았듯이 불교 경전 발달 단계에서 불타를 의인화하기 위해서 당시 민간에 유행하여 구비 전승된 유명한 우화의 주인공을 불타의 전생담으로 옮겼기 때문이라고 할 수 있다. 의인화된 동물의 종류별 빈도를 살펴본 결과는 앞의 〈표 10〉에 제시되어 있다.

자타카의 의인화된 동물은 인간 내지는 초월적 존재보다 월등하게 많으며, 그 종류 또한 다양하다. 〈표 10〉에서 볼 수 있듯이 의인화된 동물은, 육지 동물로는 승냥이(늑대)가 가장 많이 등장하고 그 다음이 원숭이다. 이는 서구의 민담이나 전래 동화에 늑대나 여우가 많이 등장하고, 일본이나 필리핀의 작품들에는 원숭이가 많이 등장하는 것과 유사하다.

그러나 자타카에서 호랑이가 단 한 번 등장하는 것은 한국 전래동화에 호랑이가 대종을 이루는 것과 큰 차이가 난다. 또 승냥이는 나쁜 품성을 지니고 남을 괴롭히는 존재로 등장하며, 조류 중에서는 까마귀의 출현 빈도가 가장 많다. 이 때 등장하는 까마귀의 성격은 보편화된 까마귀의 성품과 유사하여 주로 어리석고, 속이고, 아첨하는 성격으로 묘사되고 있다.

자타카에서 등장하는 의인화된 동물은 작품이 지닌 우화적인 요소를 더욱 강조하는 역할을 하는데, 등장한 동물의 종류는 육지 동물이 16종, 바다 동물 2종, 하늘을 날아다니는 새가 11종으로서, 이러한 다양한 동물 설화는 발달상의 유아들에게 동물에 대한 다양한 경험을 줄 수 있다. 또한 물활론적인 사고 과정의 유아들은 인간과 같은 차원으로 동물을 보고 그것들에 대한 호기심의 본능이 강하게 유발되기 때문에, 환타지의 요소인 동물의 의인화는 유아들에게 동물 사랑, 나아가 상상과 변환의 창의적 사고를 형성하는데 도움을 줄 수 있을 것이다.

〈 표 11 〉 초월적인 신비의 존재

경 번호	제 목	초월적인 신비의 존재
1	희론이 없는 전생	야차
20	노음촌의 전생	야차
48	베담바라는 주문의 전생	바라문(주문을 외는)
78	일리사 장로의 전생	제석천
196	운마의 전생	야차, 말(馬)
283	고기떼의 전생 전생	하신(河神)
316	토끼의 전생	제석천
326	칵카루꽃의 전생	용, 금시조, 천자
347	쇠망치의 전생	야차, 제석천
432	발자국을 잘 아는 동자	동자, 야차
449	빛나는 귀고리의 전생	제석천
457	법천자의 전생	법천자, 비법천자
483	사라바사슴의 전생	제석천
506	참페야의 전생	용왕

(3) 초월적인 신비의 존재

한편 분석 대상 자타카 65편 중 모두 14편에서 환타지의 요소인 초월적인 존재의 신이한 면이 나타났다. 등장한 초월적 신비의 존재를 분석한 결과는 〈표 11〉에 제시되어 있다.

〈표 11〉에서 보듯이 초월적인 존재인 제석천은 악한 것들과 직접 싸워 물리치기도 하며, 약자를 원조하는 형태를 띠고 있기도 하다. 또 「일리사 장로의 전생」 또는 「빛나는 귀고리의 전생」에서처럼 선악의 개념을 떠나, 어리석은 사람을 깨우쳐 주는 역할을 하고 있기도 하다.

또 대부분의 초월적인 존재가 선의 입장에 서 있는 데 반해, 야차는 나쁜 존재로 등장하고 있다. 그리고 신비한 힘을 가진 인간의 유형도 그 힘을 선한 곳에 사용하는 동자와 개인의 이익을 위해 사용하는 바라문, 천상 세계의 법천자, 비법천자 등으로 나

〈 표 12 〉 초월적 신비의 존재 등장 유형

유 형	천상세계	공중세계	천하(용궁)세계	인간세계	계
횟 수	10	5	3	2	20

뉘어지고 있어서, 초월적인 신비의 힘의 경우 정반대 되는 성질을 나란히 내세워 행복과 불행이라는 결말로 이끌고 있다.

이에 〈표 12〉는 초월적인 신비의 존재로 등장하는 대상을 그 유형별로 정리한 것이다.

위의 〈표 12〉에서 보는 바와 같이 초월적인 존재의 등장 유형은 천상 세계가 가장 많다. 불교에서는 천상을 33천으로 나누어 이야기하고 있는데, 자타카에는 그 귀결(歸結)에 있어서 천상 세계의 생천 윤리(生天 倫理)가 지배적인 성격으로 나타나고 있다. 여기서 제석천은 천상 세계의 주재자이면서, 인간의 길흉화복(吉凶禍福)을 관장하는 주재자이다.

그리고 신이한 존재나 인간의 끊임없는 정진과 인내로 인간 자체가 신비한 힘을 지닐 수 있고 나아가 다시 제석으로도 변신할 수도 있다.

예컨대 현세(現世)에서 보시나 오계(五戒:① 살생하지 말라 ② 도둑질하지 말라 ③ 음행하지 말라 ④ 거짓말하지 말라 ⑤ 술을 마시지 말라) 등을 잘 지키고 실행하면 천상에 태어나고, 제석이 되어 그 천상 세계의 삶을 누리게 된다고 하는 연기론의 입장에서 설해지고 있다. 또한 제석은 아직 미약한 중생을 위해 불타가 되기 위한 보살행으로 다른 사람들을 원조하고 악과 싸우며 선행을 펴고 있는 존재로 부각되고 있다.

천상 세계를 원하는 경천 사상(敬天 思想)은 동·서양을 막론하고 한결같이 나타나고 있다. 이 경천 사상으로 인하여 전래동화 속의 천상 세계는 인간이 동경하는 종착지며 절대자의 군림처가 되어, 행복의 승화는 이곳으로 가는 것으로 종결짓고 있다. 즉 나무꾼과 선녀에서 선녀의 승천, 해님 달님에서의 두 남매의 승천, 안데르센(Andersen)의 인어 아가씨가 결말에 가서는 승천하는 내용 등이 여기에 속한다.

그러나 승천하는 데 있어, 대부분의 전래 동화는 두레박이나 동아줄 등의 신비한 물건이나 절대자의 원조가 필요한 데 비해, 자타카에서는 현세에 선행을 한 주인공에게 제석이 원조를 해주나 궁극적인 승천은 신비한 물건이 아닌 자신의 행위의 결과로 규정짓고 있다.

또 공중 세계의 야차는 두 번째로 많이 등장하는데, 야차는 악을 상징하는 대표적인 인물로 나온다. 즉 전생에 원한이나 독한 마음을 품었을 경우, 허공에 떠돌아 다니는 귀신으로 태어나 중생을 괴롭히고 있고, 중생에게 원조나 도움을 주는 역할은 역시 제석이 하고 있다.

용궁 세계의 용왕이나 용들은 신이(神異)한 존재로 특별한 힘을 가지는데, 한국 전래동화 100편을 중심으로 분석한 내용에 의하면 구원해 준 대상이 용왕의 공주일 경우에는 주인공이 결혼하고, 왕자인 경우 보물을 받는 것으로 표현되고 있다.

특히 서구의 메르헨에서는 용궁 세계의 예를 찾아보기 어려운 데 반해 동양권과 우리 나라에 용궁 설화가 많은 것은 중국과 동남아 및 우리 나라에 공통된 용신 신앙 및 기우제와 밀접한 관련을 가지고 있는 것으로 보여진다.

자타카에는 용왕이나 용, 하신이 특별한 힘을 가진 신이한 존재로 나타나고 있으나, 때로는 자타카 경 번호 506「참페야의 전생」 설화에서처럼 엄격한 의미에서 인간보다 못한 존재로 표현되고 있는 경우도 있다.

옛날 앙가국에서는 앙가왕이 마갈타국에서는 마갈타왕이 각기 그 나라를 다스리고 있을 때 앙가와 마갈타 두 나라 사이에 첨파라는 강이 있었다. 거기는 용이 사는 곳으로서 참페야라는 용왕이 그 곳을 지배하고 있었다.

어느 때는 앙가왕이 마갈타국을 점령하고 어느 때는 마갈타왕이 앙가국을 점령했다. 그런데 어느 날 마갈타왕이 앙가왕의 군사들에게 쫓기어 첨파강에 이르렀다. 왕은 빠져 죽는 것이 낫다고 생각하고 강물에 들어갔다. 그 때 참페야 용왕은 술을 마시고 있었다. 앙가왕은 말과 함께 물 속에 빠져 용왕 앞에 내렸다.

용왕은 훌륭하게 장식한 왕을 보고 애정을 느껴 자리에서 일어나 왕을 자기 의자에 앉히고는 물에 빠진 내력을 들었다. 용왕은 "내가 당신이 두 나라를 다 지배하도록 도와 드리겠다."고 약속하였다. 마갈타왕은 용왕의 위력에 의해 앙가왕을 잡아 그 생명을 빼앗고 두 나라를 다스렸다.

그 뒤로 왕과 용왕과의 사이는 더욱 친밀하게 되었다. 왕은 그 때부터 용왕을 극진히 모셨다. 그 때 보살은 빈곤한 가정에 태어나 왕의 종자들과 함께 강가에 나가 용왕의 행복을 보고 부러워하였다. 그리하여 그 행복을 위해 보시를 행하고 계율을 지키다가 용왕이 죽은 지 이레 만에 죽어 용궁의 평상 위에 다시 태어났다.

그는 거기서 용의 나라를 다스리고 있다가 뒤에 후회하여 "포살회를 지키고 자유로운 몸으로 인간 세계에 가서 진리를 깨닫고 고통을 없애자"고 생각했다. 그리하여 그 궁전에서 포살회식

을 행했다. 그러나 아름답게 장식한 용녀들이 가까이 오기 때문에 계율을 깨뜨리는 일도 있었다. 그리하여 포살일에 용궁을 떠나 어떤 국경 마을에 가서 무조건 그 몸을 시물(施物)로 내어 던져 용트림을 하고 앉아 포살회를 지키고 있었다.

한길을 왕래하는 사람들은 그를 보고 향 등을 공양하고 지나갔다. 그 뒤로 사람들은 보살(용왕)을 믿고 공양하면서 아들 낳기를 빌었다. 그 당시 바라나시에 사는 어떤 소년이 득차시라에 가서 유명한 스승 밑에서 뿌리의 대상에 관한 주문을 배웠다.

그는 귀국하던 도중에 보살을 보고 그를 잡아 돈을 벌려고 했다. 그는 마법의 주문을 외우면서 그 가까이 갔다. 그러나 보살은 살생을 하지 않기 위해 자신의 힘을 쓰지 않았다.

그는 보살이 풀이 꺾인 것을 알고 덩굴풀로 바구니를 만들어 보살을 거기 넣어 가지고 국경 마을로 가서 대중 앞에서 재주를 부리게 했다.

처음에 바라문은 천금만 얻으면 보살을 놓아주리라 생각하고 있었다. 그러나 그는 변방에서도 그만한 재산을 얻었으므로 왕이나 대신들 가까이 가면 보다 더 많은 재산을 얻을 수 있을 것이라 생각하고 바라나시의 둑가세나왕 곁에 가서 재주를 보이고는 보살을 놓아주리라 결심했다.
 보살의 아내는 그가 소식이 없는 지 한 달이 지나자 그를 찾아 나섰다. 그녀는 그간의 사정을 알고 왕궁 뜰에 모인 대중 복판의 허공에서 울면서 서 있었다. 보살은 춤추면서 공중을 바라보다가 그녀를 발견하고 부끄러이 여겨 바구니 안에 들어가 눕고 말았다. 왕은 그것이 무슨 까닭인가 하고 여기 저기 바라보다가 그녀를 보았다. 결국 그녀의 간청을 듣고 왕은 보살을 놓아주었다.
 그리하여 왕은 용이 사는 곳으로 가려고 군대에 출발 준비를 명령하였다. 왕이 왕궁을 떠났을 때 보살은 자신의 신통력에 의해 그 사는 곳에서 갖가지 보배로 된 벽을 만들고 문의 답이 보이도록 하고 오는 길을 장엄하게 꾸몄다. 왕은 종자들과 함께 그 길을 통해 용궁으로 들어가 아름다운 장소와 그 궁전을 보았다. 왕이 거기를 떠나려고 할 때 왕에게 재산을 마음껏 가지라고 하였다.
 그리하여 수백 대의 재산을 실어 왕에게 주었다. 그 때 왕은 큰 명예를 얻고 용궁에서 출발해 바라나시로 갔다. 전설에 의하면 그 뒤로 염부제 땅에서 황금이 나게 되었다고 한다.

 불교의 세계관에 의하면 중생의 용왕은 비록 신비한 힘을 가졌으나 육도 중생(六道 衆生) 가운데 축생(畜生)에 해당된다.
 따라서 용왕도 보살행을 하며 인간으로 태어나기를 서원하고 있다. 이는 불타가 당시 철학적인 배경 중에 하나인 신에 의한 창조(creationists), 즉 베다(Vedas)와 우파니샤드(Upanishads)에 근거한 인간은 브라만의 몸 속에서 나와 개개인의 영혼은 끊임없이 전이하다가 다시 브라만에 합일될 때만이 고통과 윤회 전생이 끝난다는, 브라만에 의한 창조설을 부정하고 연기론인 사고 체계에 의한 인간의 의지를 더 강조한 교리의 영향이라고 본다.

3) 불전설화 속의 사건

대부분의 설화나 민담 그리고 전래동화는 많은 사건을 중심으로 구성되어 있다. 유아나 아동들은 이야기를 듣거나 읽을 때 동화의 사건을 중심으로 생각하며, 그 이야기가 변환이나 반전을 거듭할 때 훨씬 호기심있게 접근한다.

특히 3세 경의 유아는 새로운 것을 알고자 하는 호기심으로 많은 질문을 하며, 이 시기에 듣는 옛날 이야기에 새로운 국면을 접할 때마다 많은 경이와 호기심으로 접근하면서, 동일시를 통해 스스로 주인공과 기쁨과 슬픔 그리고 용기와 인내로 내적 인격을 형성해 가며, 심리적 안정을 찾게 된다.

창작동화와는 달리, 전래동화는 인물 묘사보다는 사건을 중심으로 전개되고 있고, 자타카 역시 특별한 경우를 제외하고는 주로 사건의 변화를 통해 주제를 이끌어 가고 있다. 따라서 이 책에서는 변환과 반전을 거듭하며 이끄는, 사건을 통해 내용 저변에 흐르는 사상에 접근해 보았다. 앞서 제시한 분석 범주에 따라 불전설화 속의 사건을 분석해 본 결과, 총 65편의 자타카는 모두 445개의 많은 행위들로 이루어져 있었다.

자타카 속의 사건의 전반적인 흐름을 살펴보기 위해, 사건의 성격을 빈도순으로 정리한 결과는 다음 〈표 13〉에 제시되어 있다. 앞서 언급했듯이 사건 중 행위의 결과를 강조하는 소사건(小事件)은 행위로 보았다.

유아나 아동들이 전래 동화를 좋아하는 이유는 무쌍한 변화와

〈 표 13 〉 자타카 속의 사건

행위성격 빈 도	지지·지혜 39	기쁘다 30	속이다 22	약속이행 20	돕다 19	깨우쳐주다 18	신통력 18
행위성격 빈 도	보은 16	희망 15	사랑 12	봉사희생 14	명령 12	골탕 11	복수 11
행위성격 빈 도	구원 11	믿다 11	놀라다 11	미워하다 11	공경 10	허욕 9	끈기 9
행위성격 빈 도	용감 9	복종 9	슬픔 7	우애없다 7	시기 7	도난당하다 6	분하다 6
행위성격 빈 도	약육강식 6	불신 5	정의 5	허세 5	비양심 4	우애있다 5	배은 4
행위성격 빈 도	부지런함 4	사과하다 4	권세 4	비웃다 4	부정 3	경거망동 3	도둑질 3
행위성격 빈 도	불손 3	약속불이행 15	계 445*				

* 자타카 65편의 작중 사건 중에서 큰 반전이 일어나는 중대 사건을 분석한 결과 이야기 한 편 중에 여러 건의 행위가 나타났고 이들을 모두 합친 수임.

더불어 새로운 사건들을 수반하고 있고, 사건들이 연속적으로 구성되어 있음은 어린이들의 심리적인 본능과 후천적인 심리에 부합하기 때문이다. 즉 어린이들은 인물의 심리 및 성격 묘사보다는 종횡무진으로 변화하는 사건의 국면에 더 흥미를 느끼는

〈 표 14 〉 자타카 내에서 많이 발생하고 있는 사건

행위별 빈 도	지혜·기지 39	기쁘다 30	속이다 22	약속이행 20	돕다 19	깨우쳐주다 18	신통력 18
행위성격 빈 도	보은 16	희망 15	사랑 12	봉사희생 14	명령 12	골탕 11	복수 11
행위성격 빈 도	구원 11	믿다 11	놀라다 11	미워하다 11	공경 10	허욕 9	끈기 9
행위성격 빈 도	용감 9	복종 9	슬픔 7	우애없다 7	시기 7	도난당하다 6	분하다 6
행위성격 빈 도	약육강식 6	불신 5	정의 5	허세 5	비양심 4	우애있다 5	배은 4
행위성격 빈 도	부지런함 4	사과하다 4	권세 4	비웃다 4	부정 3	경거망동 3	도둑질 3
행위성격 빈 도	불손 3	약속불이행 15	계 445*				

것이며, 이것이 전래동화가 구비 전승되며 오랫동안 사랑받아 온 이유라 할 수 있다. 자타카 역시 구비 전승된 설화로서, 내용 상 이러한 요소를 모두 갖추고 있다고 본다.

〈표 14〉는 등장 빈도가 높은 사건 행위를 순서대로 정리해 본 것이다. 총 행위 수 445개 중 순위 10번째 까지의 수는 전체 총 수의 약 반으로서 211개가 된다. 이 결과를 보면 분석 대상 자 타카 65편 중 발생한 사건의 중요 성격은 열 가지 종류라 할 수

있다.

〈표 14〉에 제시된 내용을 다시 부분적으로 검토해 보면 '지혜'와 '기지'가 전체 수의 약 9 %에 해당하여 가장 많은 빈도를 차지하고 있다. 이것은 앞서 살펴 보았듯이, 자타카의 성격이 전체적으로 연기론적인 입장에서 설화가 구성되어 있고, 육도 윤회(六道 輪廻)에서 벗어나는 여러 가지 방법에 있어서 지혜를 제일로 두고 행동하기를 권하고 있기 때문이다(五波羅蜜亦如是 離

〈 표 15 〉 사건 성격 집계

유형	지 식		희 망		喜 樂		敬 慕		
내용 빈도	기지(지혜) 39		희망 15	약속이행 20	기쁘다 30	복수하다 11	믿다 11	복종 9	공경 10
계	39		35		41		30		
유형	애 정				정 의				
내용 빈도	돕다 19	깨우침 18	봉사 희생 14	사랑 12	우애 5	보은 16	끈기 9	용감 9	정의 5	부지런하다 4	사과하다 4
계	68					47					
유형	부 정								
내용 빈도	속이다 22	허욕 9	불신 5	비양심 4	배은 4	부정 3	도둑 3	불손 3	약속불이행 3	경거망동 3
계	59									
유형	권 세					憎 怒			
내용 빈도	명령 12	골탕 11	약육강식 6	허세 5	권세 4	비웃다 4	미워하다 11	우애없다 7	시기하다 7
계	42					25			
유형	비 애				怪 異		
내용 빈도	구원 기도하다 11	슬프다 7	분하다 7	도난당하다 6	신통력 18	놀라다 11
계	30			29		

158

般若波羅蜜 如盲无導不能趣道 不能得一切智, 마하반야바라밀경 권 제11, 고려대장경 5). 예를 들면, 행위에 의한 과보가 대상 자타카 65편 중 26편으로 수위를 차지하고 있으나, 단지 선행만을 강조하는 것이 아니라 인(因)에서 과(果)로 이르기까지 지혜로써 관찰하고 행동하여 궁극적인 해탈의 길을 제시하고 있기 때문이라고 본다.

다음으로 '속이다'와 '신통력'을 제외하고 나머지는 바른 생활, 타인을 위한 생활 그리고 기쁨과 희망으로 이루어져 있다. 이는 도덕적으로 바른 형태의 삶을 영위하고 이타적인 행동을 권장하기 위해서라고 보여지며, 그러한 행동은 현재의 두려움에서 벗어나 미래에 대한 기쁨과 희망을 매우 중요하게 여기기 때문이다.

한편 '속이다'는 세 번째로 많은 빈도를 차지하고 있는데, 이것은 모든 중생계에 일어나는 괴로움의 원인은 자신의 입장에서 관찰할 때는 알 수 없지만, 타인이 나에게 영향을 미치는 범위에서는 결국 속임수로 말미암아 일어나는 것으로 보기 때문이라고 할 수 있다.

이러한 속임수에서 벗어날 수 있는 방법은 '지혜'와 '기지'를 발휘하는 것이다. 그러나 속임수를 부린 사람이 더 심한 고통에 빠지지 않고 바른 길을 가도록 도와주는 방법이 곧 '깨우쳐 주는 것'이기 때문에 여섯 번째의 순위를 차지했다고 본다. 하지만 이렇게 노력하고 주선을 하다가 결국 자신의 뜻이 이루어지지 않을 때, 마침내 어떤 신앙이 필요하고, 신이자(神異者)의 구원을 요청하게 된다. 여기서 신통력이란 신이자의 원조를 뜻하는 것으로 선한 행위자가 악을 벗어나는 데 있어서 지혜를 제외한 또 다른 방법의 귀결이라 하겠다.

한편, 위의 〈표 15〉는 자타카 내에서 발생한 사건 성격을 재범

〈 표 16 〉 자타카 내 사건 발생 비율

빈도(%)

유형	애 정	부 정	정 의	권 세
발생율	68 (15)	59 (13)	47 (10)	42 (9)
유형	희 락	지 식	희 망	비 애
발생율	41 (9)	39 (9)	35 (8)	30 (7)
유형	경 모	괴 이	증 오	총 계
발생율	30 (7)	29 (7)	25 (6)	445 (100)

주화하여 집계해 본 결과이다. 또 〈표 15〉를 중심으로 전체의 총계와 그 빈도를 정리한 결과는 〈표 16〉에 제시되어 있다.

〈표 16〉에 의하면 자타카 내의 사건 행위 중에서 가장 높은 발생 빈도를 보이는 것은 '애정'이다. 한국 전래동화 100편을 중심으로 사건을 분석한 결과 '비애(悲哀)'가 가장 높은 수위를 차지한 것에 비해 자타카에서는 '비애'가 여덟 번째로 거의 하위를 차지하고 있다.

이것은 당시 사회상을 반영한 결과라고 할 수 있다. 즉 권세와 가난에 억눌리던 전래 동화의 창작자나 화자가 생활과의 연관에서 '비애'를 떠날 수 없었던 불가피한 귀결이라고 해석하고 있다. 자타카 역시 구비 전승되어온 설화를 흡수 또는 창작한 것으로는 당시 사회상을 떠날 수 없으나, '애정'이 가장 높은 출현율을 보이는 것은 종교적인 목적을 가지고 있었기 때문이라 생각된다.

즉 자타카는 각기 주제는 달리하여도 전반적으로 흐르는 설화의 기저는 이타 정신과 인내 그리고 지혜로 타인에게 복수하기보다는 깨우치게 하는 방법을 택하고 있다.

따라서 결과는 다를지라도 주인공은 끊임없는 보살행으로 타인을 위하여 봉사하고 인내와 지혜로써 일관하는 사건이 전개되고 있다. 이러한 정신은 앞서 살펴보았듯이 연기론에서 그 해답을 찾을 수 있다. 예컨대 선이든 악이든 어떤 형태로든지 행동의 결과 즉 과보는 이루어지기 때문에 좀 더 바람직한 삶의 태도 및 인격 형성을 위해 불타는 어려운 불교 교리를 일반 대중이 접근하기 쉬운 동화 형식을 빌어 종교적인 사상을 전달했음이 분명하다.

자타카 내의 사건 행위 중에서 그 다음 수위를 차지한 것은 '부정'이다. 여기서 '부정'으로 분류된 내용은 주로 욕심 또는 비도덕적인 행동을 말하고 있다. 앞서 주제 분석에서도, '인과응보'에 관한 것이 26편으로 가장 많았음을 고려할 때, 대부분의 전래동화가 도덕적인 권선징악을 표방하고 있듯이 자타카 역시 도덕·윤리성의 사건을 거듭함으로써 결말을 이끄는 교훈성이 짙은 형식을 가지고 있다고 본다.

또 '지식'과 '희망', 그리고 '희락'은 '부정' 또는 '권세'에 대한 활로요 출구라고 할 수 있다. 즉 약자가 권력이나 부도덕한 강자를 이길 수 있는 방법은 지혜 또는 용기, 인내로만이 가능하다는 것이다. 이러한 사건 뒤에는 약자를 보호하고 강자를 견제하는 법칙성이 작용하고 있다.

전반적으로 '괴이(怪異)'나 '증노(憎怒)' 즉 신통력 혹은 기적이 일어난다거나 상대를 미워하는 것은 가장 빈도가 낮게 나타났다. 그것은 불타는 모든 존재를 육근(六根)과 육식(六識)으로 설명하면서 증명되지 않는 형이상학적 존재를 부정했기 때문이다. 그리고 인간 뿐 아니라 일체 모든 것은 육근과 육식으로 이루어져 있다고 주장한다(所謂一切者 云何名一切佛告婆羅門 一切者 謂十二入處 眼色 耳聲 鼻香 身觸 意法 是名一切 若復說言 此非一切 沙門瞿曇所說一切 我今捨 別餘一切者 彼但有言說 問已不知 增其疑惑 所以者何 非其境界故…, 잡아함경 권 제 13 고려대장경 18). 여기서 잠시 육근과 육경(六境), 육식을 살펴보면 다음과 같다.

 육근 : 눈(眼), 귀(耳), 코(鼻), 혀(舌), 몸(身), 뜻(意)
 육경 : 모양, 소리, 냄새, 맛, 감촉, 법(法:육근의 대상으로 나
     타나는 것).
 육식 : 육근과 육경으로 물체를 인식하는 것. 안식(眼識),
     이식(耳識), 비식(鼻識), 설식(舌識), 신식(身識),
     의식(意識).

이와 같이 육근과 육경, 육식이 뜻하는 것은 모든 것이 이 열두 가지 범주에 들어가 완전히 분류 포섭된다는 것으로, 불타는 인간에 의해 인식되지 않는 것은 일단 존재하지 않는 것으로 봐야 한다는 기본적인 입장을 강력히 제시하고 있다.

예컨대 일체(all)가 이 열두 가지에 포섭되고 형이상학적 존재가 끝내 증명되지 않는다면 그 존재에 대해 부정적인 태도를 분명히 하고 있다.

한편 자타카에서 신통력을 지닌 초월자는 불교의 세계관에 따르면 현세에 선업 즉 보살행을 많이 한 인간일 뿐이고, 초월자의 도움을 받는 주인공이 도덕적으로 선하거나 인내(인욕)를 가지고 보살행을 하는 경우이다. 예컨대 불교에는 '인간은 자연의 조그마한 것, 자연은 인간의 커다란 것' 이라는 사상이 있다.

즉 대자연 전체를 매크로 코스모스(Macro-Cosmos)로 보고 인간을 비롯하여 우주를 구성하고 있는 나무 한 그루, 풀 한 포기, 굴러다니는 돌 하나하나까지를 미크로 코스모스(Micro-Cosmos)로 보고 있다.

그러므로 인간은 코스모스 성질을 갖추고 있다고 보는 것이다. 미크로 코스모스 속의 코스모스 성질을 '불성(佛性)'이라 하고 그 미크로 코스모스 성질이 밖으로 나타난 것을 불성이 나타났다고 한다. 여기서 불성이 나타난 인간 즉 깨달음을 이룬 인간은 신이한 힘을 지닌, 신을 능가하는 존재이다. 실제로 불전에 보이는 많은 신은 결국 불타가 되기 위해 끊임없이 이타행을 하는 보살에 불과하다. 곧 인간 자신의 의지 및 창조적인 가능성을 표방하고 있기에 '괴이' 즉 기적이나 신통력의 사건 발생 빈도가 낮게 나타났다고 보여진다.

또 '증노(憎怒)' 즉 미움과 원망은 결국 미움과 원망만을 낳고 그러한 것으로 인한 고통은 다시 윤회에 묶이는 원인이 된다. 즉 미움에서 진정 해탈하는 것은 미움을 감싸 안을 때 이루어진다는 불교의 교리 체계에 의해 가장 낮은 빈도를 보였다고 하겠다.

자타카의 사건 행위 빈도 수를 중심으로 분석한 위의 내용을 요약해보면 다음과 같다.

첫째, 전래 동화와 마찬가지로 인물 묘사보다 사건과 사건의 연속으로 이루어져 있다.

둘째, 이타행동과 인내(인욕) 그리고 지혜를 저변에 둔 자비 정신을 표방하고 있다.

셋째, 허욕과 비도덕을 내세워 결국 정의가 이기는 도덕, 윤리성을 강조하고 있다.

넷째, 사건 저변에는 불교의 인간관 및 세계관이 깔린, 다분히 종교 포교적인 성향을 띠고 있다.

제4장 불전설화와 유아교육

1. 불전설화의 유아교육적 의의
2. 문학적인 체험으로서 불전설화
3. 불전설화와 유아 도덕성

1. 불전설화의 유아교육적 의의

일반적으로 자타카의 내용은 불교 사상에 담겨 있는 공(空), 무상(無常), 윤회(輪廻), 전생(前生), 보은(報恩), 인과응보(因果應報), 신비 체험을 통해 팔정도(八正道)와 육바라밀에 닿는 과정으로서 남을 위해 베푸는 일, 계율을 지키는 일, 괴로움을 받아들여 참는 일, 부지런히 노력하여 게으름을 쫓는 일, 마음의 안정을 찾는 일, 높은 지혜를 깨닫는 경지에 이르는 것으로 이것이 곧 불자(佛子)의 수행 덕목임을 알려준다.

이러한 내용은 비단 불교 교육에만 적용되는 것이 아니라 현대 사회를 사는 사람들이라면 누구나 지켜야 할 덕목의 하나라고 볼 수도 있다. 그리고 이것은 곧 덕성이나 우정, 문제 해결 능력, 인격 형성을 돕는다는 교육 원칙이나 유아가 앞으로 자기 생활을 개척해 나가도록 도와주려는 일반적 유아 교육의 내용과 합치하는 부분이다.

이러한 불교의 사상은 유아들에게는 어려운 과정이지만, 유아기는 곧 이러한 실천 덕목을 통하여 좀 더 이상적인 사회의 일원이 되도록 준비하는 시기라는 점에서 그 의의를 찾을 수 있다. 즉 유아들은 지적으로 심오한 종교적 견해에 대하여 현실적인 통찰을 할 수 없고, 따라서 종교적인 통찰도 불가능하다.

때문에 유아들의 종교적 경험이나 종교적 사고는 그들의 일상 생활 속에 완전히 포함되어 특별한 의미를 지니지 못하며, 오히려 그들의 이해 방식은 이론적이 아닌 환상적이고 감상적이라는 사실이 중요하다.

　이에 유아들은 상상력을 지닌 학습 방법인 창조적인 일과, 놀이, 동화를 통하여 종교의 세계로 도입될 수 있다. 따라서 유아의 발달 특성과 일치하는 성격으로 환상(Fantasy)과 인간 존중, 자비 등 불교의 윤리를 담고 있는 자타카를 통하여 불성의 자각과 더불어 궁극적으로는 이상적인 사회 성원으로 성장할 수 있도록 도와줄 수 있다는 맥락에서 자타카가 유아 교육뿐 아니라 불심을 제시하고 이양하는 불교 조기종교교육에 기여하는 바가 매우 크리라는 것을 쉽사리 짐작할 수 있다.

　지금까지 저자는 불전 설화인 자타카를 한 편의 동화로서 조명하고, 그 내용을 분석하는 과정을 통해 그 내용과 형식상 현대 유아교육에 적용하는 것이 가능하다고 볼 수 있는 범주의 유아교육적 의의를 도출해 낼 수 있었다. 그것은 유아들이 자타카를 통해 문학적인 체험의 과정을 거칠 수 있다는 것이고, 자타카를 듣거나 읽음으로써 유아들의 도덕성과 상상력, 그리고 지혜, 인내와 자제력 발달이 긍정적으로 이루어진다는 것이다. 다음은 그 구체적인 내용에 대해서 논의한 것이다.

2. 문학적인 체험으로서 불전설화

  문학적인 체험은 과거 경험의 의미 있는 재구성, 경험의 확장, 그리고 새로운 경험의 창출이다. 문학 경험을 통해서 유아는 자신이 이미 알고 있는 것들을 통합하여 새로운 것들을 배울 수 있으며, 등장 인물·상황·문제에 관해서 이해하며, 아름다움·신기함·유머를 즐기고, 슬픔의 절망·불의의 추함을 대리적으로 경험할 수 있다.
  또한 자연을 새로운 감정으로 관찰할 수 있게 해주며, 스스로에 관하여 꿈을 꾸고 상상하고 질문을 던져 볼 수 있는 기회를 준다. 이러한 면에서 자타카는 훌륭한 문학 체험을 제공해 준다고 볼 수 있다.
  예를 들어, 「토끼의 전생」, 「장재구살라왕의 전생」, 「사라바사슴의 전생」 등에 나타난 문제 상황 즉, 자신의 이익을 초월하여 남을 위하는 문제 해결, 타인을 용서하고 사랑을 베푸는 모습 등에서 유아들은 주어진 상황 안에서 문제를 타인의 입장에서 고려하여 행동하는 간접 경험을 할 수 있게 된다.
  또한 동화는 순수한 유아의 마음에 감명과 감동을 주어서 성장 단계에 있는 유아의 인간성 형성에 일익을 담당할 수 있는 형식으로 구성되어 있다. 즉 동화 속의 세계는 아동이 현실 생활에서 겪게 되는 불안, 갈등, 좌절 등을 내포한 많은 문제들에서 겪게 되는 경험과 유사하다. 자타카에 나오는 「가마니찬다 농부의 전생」이 그 좋은 예가 될 것이다. 자신의 고통을 해결하기 위해 출발했지만, 가는 도중에 다른 사람들의 고통도 떠맡아 가고, 결국 왕에게 가서 자신의 문제도 해결되고 다른 사람들의 문제도 해결하게 되는데, 그 해결 과정에서 저절로 복이 이루어졌다는 내용이다.

이 이야기에서 주인공은 자신의 문제를 안고 떠날 때는 심리적으로 많은 갈등을 보여 결국 자살하기 위해 절벽에서 떨어지기까지 한다. 그러나 왕에게 재판을 받으러 가는 자신의 일차 목적이 이야기가 진행되면서, 자신의 문제는 이차적인 것으로 밀려나고 찬다는 다른 사람의 고통을 구제하기 위해 흔쾌히 문제를 떠맡은 채 길을 간다.

이러한 자타카의 기본적인 내용 구조가 불안과 위기를 주는 갈등 단계와 그것을 극복하고 행복한 결말을 맺는 갈등 해소 단계로 이루어졌다는 것과, 갈등과 갈등 해소의 두 단계에서 겪는 두 감정의 체험들이 동화의 역할과 기능을 설명하는 중요한 심리학적인 기제(mechanism)가 된다.

즉 동화의 내용이 현실적인 사실과 거리가 먼 비현실적인 환상성에 지배되고 있음에도 불구하고, 아동의 현실 생활에서 나타나는 내적 불안과 갈등을 표현하고 그 해결책을 제시하는 정서 순화적 기능이 있다고 할 수 있다. 이러한 과정이 바로 전술한 '현실과 연계되어 있는 환상성'으로, 이는 자타카가 설화로서 또한 동화로서 지닌 풍부한 정서로 인하여 비교할 수 없는 인간성의 미묘함이 느껴질 뿐만 아니라 아동 정서의 순화를 바랄 수 있다는 애기이기도 하다.

결과적으로 자타카라는 문학적 체험을 통한 대리 경험 또는 간접 경험은 순수한 유아의 마음에 감명과 감동을 주어서 성장 단계에 있는 유아의 인간성 형성에 일익을 담당할 수 있을 것이며, 이것이 바로 자타카가 지닌 문학으로서의 특성이자 교육성이라고 할 수 있다.

1) 상상력 발달

앞서 언급했듯이 보다 순수한 동화는 사실적인 소설과 다른 공상적인 이야기를 말한다. 즉, 환타지가 많은 것, 공상적이며 초자연적인 이야기가 있는 것이 좀 더 좋은 동화로 인정된다는 것이다.

특히 유아들은 호기심이 강하기 때문에 자기를 둘러싼 세계의 관찰을 시작하는 무렵이 되면 여러 가지 질문을 하기 시작한다. 이들은 자기 눈에 비치는 세계 속의 모든 것을 탐험하고 무엇인가 발견하려는 생각을 한다. 이러한 면에서 사회, 정서적인 면은 물론 일상 생활에서 부딪치는 문제의 해결 및 상상력을 풍부하게 해 줄 수 있는 동화가 무엇보다도 필요하다.

유아의 상상력은 수용적이며, 고무적이고, 자유로운 환경 안에서 보다 활발하게 발달할 수 있다. 즉, 유아들에게는 가장 해 보기(pretending), 상상적 사고, 공상, 발명 등의 창의적 기술들을 마음대로 표현할 수 있게 해주는 자유로운 환경이 상상력 발달에 무엇보다도 중요하다고 할 수 있다.

그런데 유아기에는 의사 소통에 사용할 수 있는 어휘의 수효가 성인에 비해 월등하게 적기 때문에, 유아들은 타인과 의사 소통을 할 때 주로 그들의 상상력에 의존한다. 따라서 이들에게 상상력은 사회, 정서적인 면은 물론 유아들이 일상 생활에서 부딪치는 문제를 해결할 수 있도록 도와주고, 감정의 배출구 역할을 해주는 모체이다. 때문에 가정이나 유아교육 기관에서 교육을 담당하는 부모나 교사들이 사용하는 언어와 유아가 사용하는 언어와의 간격을 줄이기 위해서는 역시 상상력에 의존할 수밖에 없다.

여러 나라의 아동문학 사전에 의하면, 자타카는 기원전 3세기경에 이루어진 세계 최초의 동화집으로 명시되어 있다. 따라서 동화의 특성을 구비한 자타카의 환타지를 통해 유아들의 상상력을 자극하여 이것을 언어생활에 연결시킨다는 논리가 가능하다.

자타카 속의 세상만물은 무생물까지 모두 살아 숨쉬고 그 나름의 언어와 생각을 가지고 있는 생명체이며 이것은 유아들을 상상의 세계로 인도한다.

예를 들어, 「발자국을 잘 아는 동자의 전생」, 「베답바라는 주문의 전생」, 「빛나는 귀고리의 전생」 등 자타카의 여러 편에서 등장한 신비적 요소는 유아들에게 신기함을 주고 이들을 몰입시켜서 생활의 교훈, 삶의 아름다움, 불의의 파국 등을 상상할 수 있는 기회를 부여함으로써 유아의 상상력 발달에 일익을 담당할 것이다.

2) 지혜 및 인내·자제력 발달

지혜란 사물의 도리나 선악을 구별하는 마음의 작용이며, 불교에서는 미혹(迷惑)을 끊고 불타의 진정한 깨달음을 얻는 힘을 일컫는다. 이러한 지혜를 통해 위기를 슬기롭게 극복하고 문제해결의 지름길을 찾아내는 것은 급변하는 현대 사회를 살아가는 사람들에게 무엇보다 필요하며, 특히 인생의 기초를 닦는 유아기에 이러한 지혜를 내포한 동화 작품과 많이 접하는 것은 무엇보다 중요하다.

자타카에서 등장하는 대상들은 자신과 타인의 생명을 구하기 위해 강자와의 대결에서 절묘한 지혜를 발휘하여 고비를 슬기롭게 넘긴다. 또 주인공들은 위기에 당면해 있으면서도 해학을 잃지 않는 여유로움까지 보여주고 있다. 예를 들어「악어의 전생」, 「푸티만사 승냥이의 전생」, 「노음촌의 전생」 등에서는 죽음을 모면하는 지혜를 보여주고 있으며, 「수나타 청년의 전생」에서는 어떠한 상황에서도 상대방을 설득할 수 있는 용기와 지혜를 보여주고 있다. 그리고 「모랫길의 전생」에서는 어떠한 장애를 만나도 좌절하지 않고 자기의 의지로써 인내하면 반드시 좋은 결과를 얻을 수 있다는 진리를 얘기하고 있는데, 이는 문제해결에 요구되는 정의적 요소를 강조하고 있는 것이라고 할 수 있겠다.

한편 대부분의 자타카에는 그 전반적 배경에 끈기 있는 행동이 깔려 있다. 이것은 성불(成佛)이 한순간의 요행이나 노력으로 이루어지는 것이 아니라 끊임없는 인내와 자제력으로 자기극복의 의지를 가지는 과정이기 때문이며, 이러한 과정이 바로 불교에서 궁극적으로 지향하는 보살행이다.

인간에게는 모두 기본적인 욕구가 있으며 이 욕구를 만족시키기 위해 누구나 끊임없이 노력한다. 이러한 욕구를 만족시키고자 하는 노력이 좌절되어 부정적인 결과로 나타나거나, 우회적인 방법으로 만족을 추구하면 결과적으로 성격 형성과 사회적 적응에 어려움을 겪는다. 그러나 중요한 교육매체인 동화를 통하여 이러한 욕구성취의 과정을 좀 더 바람직한 방법으로 제시할 수 있다면 보다 효과적인 교육이 될 것이다.

모든 문제해결의 과정에는 그것의 완성에 이르기까지 인내와 자제력이 수반되어야 한다. 이것은 어떠한 상황을 참아냄으로써 그것에 따르는 위험이나 실패, 심지어 비극까지도 극복할 수 있다는 믿음을 의미한다. 예를 들어, 「모랫길의 전생」은 행운과 좌절, 다시 행운이라는 연속적인 대립관계를 제시함으로써, 이야기를 읽는 이에게 뜻밖의 불행은 자신의 의지나 뜻밖의 행운으로 극복할 수 있다는 교훈을 준다.

또한 자타카에는 인내하고 자제하지 못함으로써 맞이하게 되는 비극에 대해서도 경고하고 있다. 「거북의 전생」은 그 좋은 예로서, 인내하지 못한 거북이 결국 죽음을 맞게 된다는 내용을 담고 있다. 결국 이러한 과정을 통하여 동일시 단계에 있는 유아기 아동들은 자신이 주인공과 함께 고난을 이기고 결국에는 승리한다는 상상을 하면서 종교적인 안정감을 느낄 수 있을 것이다.

3. 불전설화와 유아 도덕성

 인간은 사회적 동물로서, 각기 다양한 욕구를 가지고 모여 살기 때문에 생활을 원만하고 조화롭게 하기 위해서는 어떤 약속들이 필요하다. 이 중에는 때로 사회 속에서 물리적 형벌을 받지 않아도 모든 사회 성원에 의해 "우리 사회의 인간은 마땅히 이렇게 행동해야 한다"라고 암암리에 합의되고 전달되어 온 원리, 가치, 규범이 있다. 이것을 우리는 '도덕' 혹은 '도덕성'이라고 부른다.
 이러한 도덕성의 발달에서 유아기의 경험은 특히 중요하며, 따라서 많은 학자들이 이것을 연구하는 데 관심을 가져왔다. 특히 피아제(Piaget)는, 도덕성 발달이 지능 발달과 마찬가지로 성인이나 또래 아동과의 상호작용에 의해서 이루어진다고 주장하고 있다. 또 이와 비슷한 맥락에서 부모의 육아 방식이 유아의 도덕성 발달과 밀접한 연관이 있다는 것을 밝히고자 부모와 자녀간의 언어적 상호작용을 조사한 연구도 있다.
 유아의 도덕적 사고 형성에는 자신이 해야 할 행위를 알려 주고 실천에 옮기도록 하는 것뿐만 아니라, 그 상황의 맥락을 지각하고 사고하게 하는 일을 포함한다. 특히 도덕성 사고는 사회 - 인지적 발달의 가장 중요한 측면인데, 그 가운데 하나가 바로 행위 - 결과 규칙을 학습하는 것이다. 일단 이러한 원리를 인지적으로 표상하고 나면 유아는 스스로 수행 목표를 설정하고 자기의 행동이 수행 목표와 얼마나 부합되는가에 따라 자기 - 비난 또는 자기 - 만족을 경험하는 주요한 동기적 기능을 한다.

자타카에서 강조하는 인과응보라는 업 사상은 불교의 연기론에서 비롯된 것으로 연기의 교설은 본래 우주만유가 서로 서로 연이 되어서 생멸·변화하고 유지·상속된다는 가르침이다. 이러한 교리를 중심으로 연구 대상 자타카 속에는 행위에 관한 과보가 26편으로 가장 많이 나타나고 있다.

예를 들어, 「금빛 거위의 전생」은 지나친 욕심으로 인해 결국 파산을 초래했다는 얘기이며, 「각카루꽃의 전생」은 피안 세계와의 접촉이라는 환타지의 세계와 탐욕으로 인한 과보를 함께 제시한다. 또한 「환희만이라는 소의 전생」과 「고기(육)의 전생」은 풍자적 설화로 말로 짓는 업의 과보를 명료하게 전달하고 있다.

이와 같이 자타카에 나타난 인과응보의 교훈은 권선징악의 형태를 띠고 있으면서도, 악한 대상을 징벌하는 데에서 끝나는 것이 아니라 대부분 선한 행위자가 자비나 연민을 베푸는 것으로 끝을 맺는다. 이러한 내용은 도덕적 사고 형성의 기저가 되는 행위 - 결과의 유관 원리를 내면화시켜 주며, 동시에 문학 체험에 의한 제시이기 때문에 유아는 자신을 주인공과 동일시하고 이를 공감적으로 수용하게 되어 도덕원리의 내면화가 보다 효과적으로 이루어지게 되리라고 생각한다.

크리텐든에 의하면, 도덕 개념과 원리는 도덕이라는 인간의 복잡한 관행에서 유기적인 부분을 마련해 주는데, 이러한 도덕 개념을 배우는 데는 그 도덕적 용어로 서술하고자 하는 행위에 대해서 어떤 감정이나 느낌을 경험한다는 것이 필수적인 일이라고 한다. 이 주장을 통하여 보면 도덕 교육은 구체적인 사례를 통한 감정 경험과 동반하여야 한다. 따라서 자타카는 도덕적 사고 형성에서 중요한 사회·인지 능력으로 역할 조망 발달에도 효과적이리라고 판단된다. 또한 도덕 교육은 대인 관계에 대한 민감성을 발달시키고 자기 자신의 필요와 포부를 다른 사람의 그것과 비교해 보는 균형 감각을 습득할 수 있게 하는 것이어야 한다.

이러한 맥락에서 자타카에는 타인의 문제 상황이나 필요에 민감하게 반응하여 도와주는 모습이 잘 나타나 있어서 이러한 도덕교육의 조건을 잘 만족시키고 있다. 「토끼의 전생」이 좋은 일례가 되겠는데, 토끼는 자신의 육신을 보시하여 기아에 빠진 이를 구하고, 또한 보시를 행하는 방법에 있어서도 타인으로 하여금 살생의 업을 짓지 않게 스스로 불 속에 몸을 던지는 소신공양의 방법을 택하고 있다. 그리고 「장재구살라왕의 전생」은 타인을 용서하고 사랑의 보시를 강조하고 있으며, 「사라바사슴의 전생」에서는 어떠한 대가를 뛰어 넘는 자타가 함께 선을 이루는 선의 극치를 보여 주고 있다.

결과적으로 자타카가 지닌 도덕·윤리성은 도덕성 발달 초기의 유아들에게 정서적 안정감을 줄 것이며, 또한 단순한 권선징악을 뛰어넘어 심오한 도덕성 즉, 선을 행하는데 있어서 또 다른 방식의 접근으로 진정한 자비, 사심 없는 애정에 대한 가치, 진리와 정의에 대한 신뢰를 북돋워 줄 수 있다. 따라서 본 장에서는 이러한 유아들의 도덕성 발달에 일익을 담당할 수 있는 자타카의 여러 측면에 대해 분석해 보았다.

1) 도덕성의 기본 개념

도덕의 본질 즉 도덕성에 대해서는 많은 학자들이 다양하게 정의를 내리고 있으나, 그 정의를 숙고해 보면 특정 문화사회에만 수용될 수 있는 문화적 관습까지도 포괄하고 있다.

도덕 교육에 대해 심층적으로 연구한 콜버그(Kohlberg)는 감정, 사고, 행동을 포함한 행동이 도덕적 질을 부여하는 도덕적 추론을 도덕성이라고 보았다. 여기에 대해 쿠머커(Kuhmerker)는 도덕적 추론이란 무엇이 옳은 행동이며, 마땅히 그렇게 해야 하는가에 대한 정의, 의무, 책임의 보편적 규정에 따라 가치를 판단하는 것이라고 말하고 있다. 즉 문화와 관습을 초월하여 보편적으로 적용될 수 있는 초(超) 문화적 개념으로 도덕성을 파악하고 있는 것이다.

특히 콜버그는 도덕성을 '개인에 의해서 내면화된 사회적 행위상의 일련의 문화적 규준'으로 정의하고 있는데, 도덕성의 발달 이론은 인간이 성장하는 과정에서 문화적, 사회적 규범을 어떻게 내면화하느냐에 따라 그 궤도를 달리하고 있다. 이러한 도덕성의 내면화 즉 도덕성의 발달에 대한 지금까지의 사회·심리학적 연구는 대체로 세 가지 주류로 나눌 수 있다.

첫째는 내면화의 행동적 측면을 강조하는 사회학습 이론적 입장에 입각한 개념 구성과 접근이며, 둘째는 내면화의 정의적 측면을 강조하는 정신분석학적 배경에서 출발하는 연구들이며, 셋째는 내면화 현상 속의 선택적 기능을 중요시하고 도덕 행위의 판단적 측면을 강조하는 피아제와 콜버그를 중심으로 하는 발달 심리학적 입장이다.

첫째, 행동주의에 입각한 사회 학습적 입장은 로크(Locke)의 경험주의와 왓슨(Watson)의 행동주의에서 그 이론적 맥을 찾아볼 수 있다. 이들의 이론은 아동은 백지 상태로 출발하며 보상과 중재를 통해 도덕적 행동을 학습한다고 보았다. 따라서 도덕성 혹은 양심은 타고나는 것이 아니며 사회적으로 학습된 행동이므로, 도덕성 발달은 직접적 학습이나 모방에 의해서 주어지고 또 강화 또는 유지된다.

반두라(Bandura)와 맥도날(McDonal)은 동일시와 모방에 대한 사회 학습 이론의 입장에서 모델(model)의 행동과 강화에 따른 아동의 도덕적 판단의 영향에 관하여 주로 연구하였는데, 특히 피아제의 도덕성 발달 단계를 중심으로 모델링(modeling)을 연구한 결과, 모델링이 아동의 도덕적 판단의 변용에 의미 있는 요소로 작용한다고 보고하였다.

이러한 사회 학습 이론이 도덕성 발달에 주요하게 공헌한 점은 행동을 강조하는 데 있다. 이 이론은 환경적 변인들을 중요시하며 또한 환경적 변인들이 어떻게 도덕성 발달에 기여하는가를 탐구한다. 그러나 이들이 강조하는 행동은 열거된 도덕적 행동을 산출시키기 위한 보상과 처벌의 체계에서 생겨나게 된다. 따라서 아동의 도덕적 행동에 대한 선택과 판단은 배제되고 성인의 영향에 따라 수동적인 학습자로 간주되는데, 이는 곧 도덕적 행위의 주체가 자신 밖의 제도나 권위, 그리고 부모나 성인의 도덕 관념에 의해 도덕적일 뿐이라는 논리의 한계를 지니고 있다.

둘째, 정신분석학적 입장에서 본 도덕성의 발달은 우리가 잘 알고 있는 프로이드(Freud)의 이론이 중심이 된다. 이들은 도덕성 발달을 죄의식, 수치심, 열등감의 감정을 통해 초자아가 성적(性的)이고 공격적인 충동을 통제하는 과정으로 보았다. 프로이드는 초자아의 특성을 인지적이기보다는 동기적인 것으로 규정지었다. 따라서 초자아는 유아와 성인의 내부에 있는 도덕적 개념과 표준의 중심이다. 유아는 부모와 동일시를 통해 도덕적 행동 표준을 획득하며, 죄책감과 불안은 이러한 도덕적 표준을 위반했을 때 생겨난다.

이러한 정신분석학적 입장은 도덕적 형성의 관점이 자율적이며 합리적인 과정이 아니라 유아기에 주변의 모델을 통해 내재화(內在化)된다는 점에서 사회적인 면보다는 자연적 모방 학습을 더 강조하고 있다. 따라서 바람직한 도덕성 발달을 위해 유아는 조건화와 강화에 의지하여 사회의 규칙과 규준(norm)을 학습해야 한다.

셋째, 앞의 두 주류에서는 유아를 수동적 존재로 연구한 데 반해, 인지적 입장에서는 도덕성의 발달 단계를 논리적으로 나누었으며 특히 유아를 능동적으로 도덕적 지식을 획득하고 구성해 가는 존재로 간주하였다. 따라서 도덕적 규칙과 가치의 행동화는 유아의 발달 수준에서만 조직되고, 발달은 일련의 재조직화이며, 이 조직은 유아의 도덕적 지식의 성격을 엄격하게 변화시킨다.

이러한 인지적 입장은 도덕성이 타율적 단계에서 자율적 단계로 발달한다는 피아제의 초기 제안에서 시작되어 콜버그에 의해 보다 심층적으로 연구되었다. 특히 콜버그는 도덕적 행위의 동기나 인간의 가치 등을 집중적으로 연구한 결과, 도덕적 사고는 개인의 행동을 판단하는 초기 단계에서 출발하여 타인에 대한 사회적 기대를 예견하고, 궁극적으로는 동일시를 통해 자기 스스로 도덕적 원리를 따르는 수준에 이른다고 주장하였다. 그는 갈등 상황을 담고 있는 이야기를 아동 및 청소년에게 들려주고 그 갈등을 처리하는 방법을 묻는 질문을 통해, 도덕성의 단계가 도덕적 판단에 근거하여 세 수준 여섯 단계의 일정한 순서에 따라 발달해 간다고 제시하였다.

위와 같이 세 가지 입장에 따라 전개되는 도덕교육의 양상은 각기 다르다. 먼저 사회 학습적 입장은 도덕행위의 수정에 관한 차원인 행위적 측면을 강조하지만, 정신분석적 입장은 비도덕적인 생각이나 공격적 충동의 억압을 내재화하여 문화적 기준에 순응하는 태도인 정의적 측면을 강조한다. 반면 인지적 측면은 정의(justice)에 대해 이해하고 판단하는 추론적 사고의 발달을 중요시한다.

이 장에서는 이러한 이론을 중심으로 하여 전래동화로서의 자타카가 유아의 도덕성 발달 증진에 기여할 수 있는 점을 논의하기 위하여, 발달 단계를 가장 잘 제시하고 있는 인지적 입장으로 유아기의 도덕성 발달 특징을 살펴보고자 한다.

2) 유아의 도덕성 발달 특성

인지 발달 이론에서 보는 도덕성 발달은 일련의 단계를 거쳐 발달하는 것으로서 각 단계는 이전 단계를 거치며 발달하고, 또 현 단계는 이전 단계와는 질적으로 다른 양상을 나타낸다. 여기서 피아제와 콜버그 이론을 중심으로 유아기의 이러한 도덕성 발달을 살펴보면 다음과 같다.

(1) 피아제 이론에 기초한 유아 도덕성 발달

피아제의 도덕성 연구의 주요 목적은 아동의 도덕적 판단 능력을 탐색하는 데 있었다. 그는 아동의 도덕적 판단 능력의 발달을 규칙에 대한 태도, 책임감, 공정성의 세 가지 측면으로 나누어 연구한 결과, 아동의 도덕적 판단 능력이 인지적 재구성 과정과 관련되어 연령이 증가함에 따라 발달하는 과정임을 발견하였고, 나아가 아동의 인지 구조의 변화로서의 도덕성 발달을 타율적 도덕성과 자율적 도덕성으로 구분하였다.

이러한 도덕성 발달의 단계를 좀 더 구체적으로 살펴보면 다음과 같다.

먼저 제 1단계는 순수하게 개인적이고 사회성이 없는 단계로서 도덕적 단계라기보다는 놀이의 단계라고 할 수 있다. 즉, 놀이 속에서 아동이 어떻게 규칙을 이해하고 존중하게 되는가 하는 것이다. 이 단계에 속하는 어린 아동은 규칙을 전혀 고려하지 못하며, 자기의 사적인 생활 방식으로서의 규칙과 도덕적 생활로서의 규칙을 구분할 능력이 없다.

이어서 제 2단계는 약 5세 경에 나타나는 '일방적 존경'의 단계인데, 이 단계의 아동은 규칙을 고정적이고 영구적이며 신성한 것으로 본다. 그러므로 규칙은 신성 불가침한 것이며 절대로 변경할 수 없는 것이다. 이러한 특성은 바로 아동의 타율적 도덕성을 반영하는 것으로서 따라서 아동은 규칙에 대해 책임감을 가지게 된다.

또한 이 시기에 아동의 책임감은 객관적 책임 즉, 행동의 의도보다는 실제로 발생한 손상 혹은 손해의 크기를 기초로 판단한다. 때문에 공정성에 대한 개념은 인과응보적 또는 내재적 정의로 나타나며, 벌은 나쁜 행위를 한 후에 반드시 나타나는 그 대가로 생각한다.

제 3단계는 약 8세 경에 시작되며, 규칙은 서로의 동의에 의한 하나의 규율이라고 생각하는 단계이다. 이 시기가 되면 타율적 도덕성이 사라지기 시작하고 자율적 도덕성이 생긴다. 따라서 이 시기의 아동은 규칙을 더 이상 신성하고 고정적인 것으로 생각하지 않고 게임을 하기 위해 만들어진 것임을 알게 되며, 상호간의 합의로 바꿀 수 있는 것이라고 이해한다. 그리고 도덕적 규칙에 따른 일은 자신의 이성으로 판단한다.

제 4단계는 십대 초기에 시작하며, 이 시기 아동은 새로운 질서 이성 능력을 갖게 된다. 이 때는 규칙을 하나의 법칙이 아닌 상황에 따른 상호 협의의 결과로 본다. 피아제에 의하면, 도덕성 발달은 일반적인 존경에서 점차 동료간의 상호적 존경의 관계로 발달해 가는 것이다. 이 시기 아동은 행위의 결과에만 치중하지 않고 그 이면의 동기를 고려할 수 있다. 또한 공정성에 대한 개념도 인과응보적이기보다는 평등에 중점을 둔다.

위와 같은 피아제의 도덕성 발달 단계 중 유아기에 해당하는 특성은 제 3단계까지라고 할 수 있다. 그는 규칙에 대한 태도, 책임감, 공정성 등의 세 가지 주제를 가진 이야기를 아동들에게 들려준 후 그에 대한 아동의 반응을 분석한 결과, 아동들의 도덕성은 타율적인 단계에서 자율적인 단계로 발달되어 간다고 보고하였다.

여기서 그의 공헌점은 아동들이 생각하는 규칙이 신성불가침 및 무조건 순종 대상으로 인지하는 타율적 단계에서 상대적인 합의에 의해 형성·유지되며, 수정 가능한 자율적 단계로 이행되고, 이러한 이행 과정은 아동의 인지적 성숙과 사회적 상호작용에 의존한 발달적 재구성 과정이라고 보았다는 점이다.

(2) 콜버그 이론에 기초한 유아 도덕성 발달

콜버그는, 도덕성의 발달을 타율적 도덕성과 자율적 도덕성으로 양분한 피아제의 주장이 도덕성을 지나치게 단순화한 것이라고 비판하고, 연구의 대상을 아동뿐만 아니라 성인에게까지 확장시켜 도덕성 발달 이론을 더욱 논리적이고 체계적으로 발전시켰다.

즉, 그는 도덕성의 발달은 단계의 연속이며, 개인의 인지 형식은 발달 단계에 따라 일정한 연속과 순서에 따라 구성된다고 주장하였다.
 콜버그는 피아제의 2단계에 걸친 도덕 판단의 단계가 구조적 발달론의 준거를 만족시키지 못한다고 보고, 사고의 연속적인 발달 양상을 보다 상세히 묘사하기 위해 도덕성의 발달 단계를 다시 여섯 단계로 구분하였다. 그리고 각 단계는 인습 이전 수준, 인습 수준, 인습 이후 수준이라는 세 가지 수준으로 다시 구분된다. 이것을 보다 자세히 살펴보면 다음과 같다.
 먼저 제1단계는 벌과 복종의 단계이다. 이 단계의 아동은 선악의 개념에 대해 알고는 있으나 처벌을 피하기 위하여 권력에 무조건 복종하는 경향이 있다.
 제2단계는 도구적 상대 지향주의의 단계이다. 이 단계의 아동은 보상을 받기 위해 규칙에 복종한다. 즉, 올바른 행동은 자신의 필요를 충족시켜 주며 때로는 타인의 필요도 채워 준다고 본다.
 제3단계는 대인 관계의 조화를 이루는 단계이다. 이 단계의 아동은 다른 사람과 관계를 유지하고 다른 사람의 인정을 받는 '착한 아이'를 지향한다.
 제4단계는 법과 질서를 존중하는 단계이다. 이 단계의 아동은 고정된 규칙이나 사회질서 유지에 적응하려는 경향이 있다. 따라서 질서를 적극적으로 유지하고 지지하고 정당화하며 그 질서에 관련된 개인이나 집단 그리고 자신을 존중한다.
 제5단계는 사회 계약법을 지향하는 단계이다. 이 단계의 아동은 개인적 가치의 상대성을 인정하면서도 동시에 합의에 도달하려는 방법상의 원리도 강조한다.
 제6단계는 보편적 윤리를 지향하는 단계이다. 이 단계는 도덕 발달의 최고 수준으로서, 인간의 생명과 평등, 존엄성에 최고의 가치를 두는 윤리적 원리에 근거를 둔 양심의 결단으로 정의할 수 있다. 따라서 구체적인 규칙이 아니라 추상적인 윤리로서 공정성, 인간 권리의 상호성과 평등, 개인의 인간적 존엄을 존중한다.

위와 같이 콜버그의 단계 이론은 피아제의 이론과 마찬가지로 아동이 도덕적으로 성장함에 따라 인지적으로 도덕적 관점을 재구성한다. 그러므로 현재의 각 단계는 이전 단계보다 복잡한 인지적 이해를 가능하게 하고, 이전 단계의 요소들은 다음 단계에서의 이해와 복잡한 구조에 비추어 판단할 수 있도록 해준다.

콜버그의 도덕성 발달 단계에 대해서는 학자마다 다소 견해 차이는 있지만, 이 장에서는 피아제와 콜버그의 주장을 고려하여 인습 수준 3단계까지를 유아기로 보고자 한다.

왜냐하면 콜버그는 개인이나 문화에 따라서 발달 수준을 연령에 따라 구획 지을 수 없다고 주장하였고, 또 동화가 지닌 여러 가지 특성을 유아들은 의심 없이 받아들일 수 있으며, 자신의 감정이입을 바탕으로 좀 더 높은 단계로 발달해 갈 수 있기 때문이다.

3) 유아의 도덕성 발달과 불전설화의 역할

도덕적 품성에 있어서 결정적 시기가 유아기 내지는 늦어도 아동 전기 이전이라는 이론이나 실험은 많은 학자들에게 일반적인 이야기이다. 그 중 피아제와 콜버그는 유아기 도덕적 사고의 형성에 있어서 사회-인지적 발달을 가장 중요한 요소로 보고 있다.

이들에 의하면, 발달상의 유아를 각 단계에서 단계로 끌어올리는 것은 규칙이나 덕성을 각인시키는 과정이 아니라 인지적 재구성 즉, 지적 구조를 변형시켜 가는 과정을 통해서 가능하다는 것이다.

인지적 재구성은 인지적 갈등을 경험함으로써 발생한다. 여기에는 토론의 방법이 있으며, 감정이입의 발달이 도덕성 발달에 중요하다는 주장도 있다. 또한 관찰자가 등장 인물의 행동을 추론할 수 있는 대화의 방법도 있다. 이는 곧 유아기 도덕성 발달이 유아 자신의 능동적인 참여를 강조하는 것이라고 할 수 있다.

동화는 그 특성상 아동에게 상상력을 길러 주고, 경험을 확장하여 풍부하게 해주며, 사고력과 창의력을 길러 주고, 자기를 잘 표현할 수 있게 하며, 정서 순화를 통해 아동이 즐거움 속에서 세상을 잘 이해하며 지낼 수 있도록 도와준다.

또 환상과 현실간에 전이 공간을 창출시켜서 유아가 좀 더 능동적이고 통합적으로 기능할 수 있게 해 주는데, 이것은 유아들이 현상학적인 인과 관계, 물활론, 목적론과 같은 독특한 인과적 사고를 가지고 있기 때문에 자기 강화적인 사회성 발달에 기여한다. 또한 앞서 기술했듯이, 동화에 주로 쓰이는 개인 지향적인 언어 형태는 역할 수용 능력의 발달에 기여하며, 이러한 역할 수용이란 도덕성 발달을 촉진시키는 주요한 사회-인지적 요인이다.

동화의 도덕 교육적 가치를 밝힌 많은 학자들은 공통적으로 '동화에 등장하는 인물의 동일시'를 주장하고 있는데, 베틀하임에 의하면 유아들은 선한 주인공의 올바름 때문이 아닌 주인공의 조건이 유아에게 긍정적인 감정 호소를 하기 때문에 동정을 불러일으키는 동일시를 한다고 한다. 이는 곧 유아가 감정이입의 동일시를 통해 능동적으로 등장 인물의 행동을 추론할 수 있다는 말이다.

한편 대부분의 불전설화는 불교 교리의 이해를 돕고자 설해진 것으로 이 가운데 특히 본생설화인 자타카는 부처님 전생에 관한 이야기를 불타가 직접 얘기하는 가운데, 지혜, 인과 관계, 의지에 찬 행동, 보살행을 통한 구제 서원(救濟 誓願) 등을 강조하면서 무한한 변환의 장면을 펼치고 있다.

  이러한 자타카의 내용은 초월적인 존재, 동물, 인간으로 변신한 주인공으로부터 전개되며, 주인공과 대립 입장에 선 악인(惡人)이나 악한 동물과 얽혀 악인의 무리가 멸망하는 교훈적이고 교육적인 특성을 지닌다.

  설사 선한 무리가 악한 무리와 함께 희생이 되더라도 반드시 보(報)를 받게 마련이고, 또 그 선의 주인공은 불타의 전신(前身)임을 일깨워 주고 있다. 특히 자타카는 이야기 밑바탕에 동심을 깔고 선을 향해 나아가는 고정된 관념을 타파, 그 전개와 방편에 환상, 변환, 예측, 갈등 등으로 인간이 나아가야 할 길을 제시하고 있다. 유아들은 이러한 자타카의 구체적인 내용 즉, 이타적인 행동, 인과응보, 인내, 지혜 등을 주제로 한 이야기를 읽거나 들으면서, 자신과 주인공을 동일시하게 되고 이러한 과정을 통해서 보다 성숙한 사회인으로 성장할 수 있는 기반을 다지게 된다.

  또한 유아들은 환경에 대해서 인과적인 설명을 해보려는 자연적 성향을 가지고 있다. 유아의 인과관계 인지는 매우 불합리하지만 사물이나 현상간의 관계를 원인과 결과로서 인지하려는 초보적인 도식을 가지고 있다.

  이러한 도식은 자신과 사회적 관계에 대해 많은 것을 학습할 수 있게 해주는데 즉, 유관 관계(contingency relationships) 또는 행위-결과 규칙 (if...,then....)의 원리를 형성한다. 유아가 주변 세계에 질서를 부여하고 어떤 상황에서 특정 행동을 하면 어떤 결과가 있을지의 유관 원리를 인지적으로 표상하고 나면 유아는 스스로 수행 목표를 설정하고 자기의 행동이 수행 목표와 얼마나 부합하는가에 따라 자기-비난 또는 자기-만족을 경험하는 주요한 동기적 기능을 한다.

그런데 자타카에서 강조하는 인과응보라는 업사상은 불교의 연기론에서 비롯된 것으로 연기의 교설은 본래 우주만유가 서로서로 연이 되어서 생멸·변화하고 유지·상속된다는 가르침이다. 예를 들어, 자타카에는 여러 존재가 인과 연에 의해 이루어져 있다는 연기의 원리가 나타나고 있으며, 그 인연에 의한 결과가 반드시 있어야 하므로 이러한 연기의 논리에서 인과관계가 도출된다.

전생에서 현생으로 이어지는 자타카의 내용 구성상의 특징은 이러한 논리를 간명하게 드러내고 있다. 자타카에 나타난 인과응보의 교훈은 권선징악의 형태를 띠고 있으면서도, 악한 대상을 징벌하는 데에서 끝나는 것이 아니라 대부분 선한 행위자가 자비나 연민을 베푸는 것으로 끝을 맺는다.

이러한 내용은 도덕적 사고 형성의 기저가 되는 행위-결과의 유관원리를 내면화시켜 주며, 동시에 문학체험에 의한 제시이기 때문에 유아는 자신을 주인공과 동일시하고 이를 공감적으로 수용하게 되어 도덕 원리의 내면화가 보다 효과적으로 이루어지게 되리라고 생각된다.

크리텐든에 의하면, 도덕개념과 원리는 도덕이라는 인간의 복잡한 관행에서 유기적인 부분을 마련해 주는데, 이러한 도덕개념을 배우는 데는 그 도덕적 용어로 서술하고자 하는 행위에 대해서 어떤 감정이나 느낌을 경험한다는 것이 필수적인 일이라고 한다. 이 주장을 통하여 보면 도덕 교육은 구체적인 사례를 통한 감정이나 경험을 동반해야 한다. 따라서 자타카는 도덕적 사고 형성에서 중요한 사회-인지 능력으로 역할 조망 발달에도 효과적이리라고 판단된다.

또한 도덕교육은 대인 관계에 대한 민감성을 발달시키고 자기 자신의 필요와 포부를 다른 사람의 그것과 비교해 보는 균형감각을 습득할 수 있게 하는 것이어야 한다.

그런데 자타카에는 보살이라는 이름으로 불타의 본생신들을 표현하고 있다. 그리고 다양한 삶으로 윤회하는 보살이 한 명의 중생이라도 윤회의 고통에서 허덕이고 있다면 자신도 윤회의 흐름에 뛰어들어 기어코 그를 윤회의 괴로움에서 벗어나게 하고 나서야 자신도 윤회에서 벗어나겠다는 서원을 세운다. 그리고 그 실천으로서의 자비행을 보여준다.

따라서 유아는 타인의 문제 상황이나 필요에 민감하게 반응하여 도와주는 자타카를 통하여 남의 입장을 이해할 수 있는 도덕적 사고 형성을 갖출 수 있다.

이에 대해 도덕 교육을 연구한 일부 논문에서는, 대다수의 응답자들이 기존의 전통적인 규범을 따르는 예절, 효도 등의 도덕교육 덕목보다 오히려 남의 처지나 입장을 이해하기가 가장 어렵다고 보고하고 있다.

바로 이러한 도덕교육에 있어서 중대한 점을 자타카가 부분적으로 감당할 수 있다고 보며, 유아의 도덕적 발달에 비추어 그 품성을 함양하는 한 방법으로서의 역할을 수행할 수 있으리라 생각한다.

4) 콜버그 이론에 기초한 불전설화의 분석

이 절에서는 앞서 설정한 자타카의 하위 주제인 '도덕·윤리성 주제', '지혜·인내 주제', '초월적 신비 주제'를 콜버그의 도덕성 발달 단계에 비추어 그 내용을 보다 심도 있게 분석해 보았다.

〈표 17〉은 자타카 65편을 유아의 도덕성 발달 단계에 비추어 각 주제별로 분석해 본 결과이다. 여기서 자타카의 주제는 도덕·윤리성 주제, 지혜·인내 주제, 초월적 신비 주제로 각기 다르지만, 하위 인용 소재는 모두 도덕적 덕목으로 이루어져 있다.

앞서 설명했듯이 콜버그의 도덕성 발달단계 중 인습 이전 수준에서 인습 수준에 이르는 초기 단계인 1단계에서 3단계까지를 유아기의 도덕성 발달단계로 보고, 자타카 65편을 각각의 발달 수준으로 나누어 살펴 본 결과, 단계가 올라갈수록 더욱 높은 수준의 실천 덕목을 내포하고 있음을 알 수 있다.

특히 1단계에 해당하는 자타카는 선행, 정직, 바른 언행, 검소, 규칙생활 등의 도덕적 실천 덕목을 내포하고 있고, 2단계에 해당하는 자타카에는 협동, 보은, 우애, 책임, 용서, 질서 등 보다 발전된 수준의 실천 덕목이 내포되어 있으며, 제 3단계에는 성실, 우정, 정의, 생명 존중, 희생, 효도 등 자신 뿐 아니라 다른 사람의 생명과 권리를 존중하는 자리이타(自利利他)를 실천하는 덕목이 포함되어 있다.

한편 〈표 18〉은 앞의 분석을 토대로 65편 전체의 발달 빈도를 살펴 본 것이다. 〈표 18〉에 나타난 것처럼 콜버그의 도덕성 발달 단계 중 1단계에 속하는 동화가 전체의 46%로 수위를 차지하고 있다. 다음으로 3단계가 31%이며, 마지막으로 2단계가 23%로 나타났다.

일반적으로 1단계는 유아로 하여금 도덕에 대한 초보적인 개념을 익히는 단계로 절대자나 성인의 처벌 등으로 도덕성이 싹트는 단계라고 할 수 있다. 이 단계가 자타카에서도 가장 높게 나타났으나, 2단계보다 3단계의 동화가 수위를 차지하고 있다.

〈 표 18 〉 자타카 내의 도덕성 발달 분류

발달수준	발달단계	빈도	비율(%)
전인습수준	1단계	30	46
	2단계	15	23
인 습 수 준	3단계	20	31
총 계		65	100

이것은 종교적 수행을 저변에 깔고 있는 자타카가 보상의 2단계 보다는 인간존중, 자비 등의 불교 윤리를 담고 있어 궁극적으로는 이상적인 사회 성원으로 성장·발달할 수 있도록 도와줄 수 있다는 맥락에서 유아교육 뿐 아니라 유아들의 도덕 수준을 향상시키는 데 바람직한 3단계의 동화가 더 많다고 본다.

이상의 분석을 보다 구체적으로 살펴보기 위해 각 발달 단계에 해당되는 자타카의 내용을 부분적으로 예를 들어 살펴보면 다음과 같다.

먼저 인습 이전 수준에 속하는 1단계의 예로는 자타카 경 번호 136「금빛 거위의 전생」을 들 수 있다. 이 설화는 가난한 집에 금빛 거위가 날아와 매일 털 하나씩을 주었는데, 그 가족들이 한꺼번에 털을 얻으려 거위를 붙잡아 가두자 결국 흰털이 나고 말았다는 내용이다.

이것은 이미 우리에게 익숙하게 알려진 이솝우화「황금알을 낳는 거위」와 상당히 유사한 것으로 이솝우화에서는 황금알을 한꺼번에 얻기 위해 배를 갈라 보니 배 속에 알이 없고 결국 거위는 죽음을 당하고 마는데 반해, 자타카에서는 황금알이 황금털로 표현되고 거위가 죽는 대신 날아가 버리고 만다는 이야기이다. 이는 지나친 욕심으로 파산을 초래했다는 이야기로, 벌과 복종의 단계에 머물고 있는 유아들에게 검소함을 지니게 하는데 도움을 줄 수 있다고 본다.

또 경 번호 326「칵카루꽃의 전생」도 같은 수준에 속하는 예에 해당한다. 즉, 바라나시에 큰 제전이 열리고 용, 금시조, 천자 두 명이 구경온다. 이들이 만들어 온 칵카루꽃 화환은 온 도시에 향기로 가득 채운다. 천자들이 그 화환은 '도둑질하지 않은 자, 거짓말을 안하는 자, 마음으로부터 나쁜 생각을 일으키지 않은 자' 만이 쓸 수 있다고 한다.

한 사제관이 자신이 그 조건에 해당하는 사람이라 말한다. 그러나 거짓말을 함으로써 모든 화환을 얻었으나 그 무게의 고통으로 인해 죽어 간다. 이에 왕은 사제관을 구하기 위해 다시 제전을 열자 이들이 다시 구경 오고, 왕의 요청에 의해 화환을 벗겨 준다.

이 설화의 내용은 피안(彼岸)의 세계와의 접촉이라는 환타지의 세계로 유아에게 즐거움을 주면서 그 속에 정직하지 않으면 벌을 받는다는 암시를 함께 주고 있어 교훈과 함께 기쁨을 주는 좋은 동화의 조건을 가지고 있다.

또 유아가 바른 언행을 하는 데 도움을 줄 수 있는 설화는 경 번호 28「환희만이라는 소의 전생」이야기이다. 즉, 어느 장자가 수레 백 대를 소 한 마리가 끄는 내기를 한다. 내기에서 장자는 '거짓말쟁이 소야, 끌어라' 하니, 소가 절대로 끌지 않아 장자는 내기에 졌다. 다음 내기에서 장자는 '현자여 끌어라' 하고 소

를 격려하니 소가 단번에 백 대를 끌었다는 이야기이다.

많은 연구자들은 언어 발달의 결정적인 시기로 3~5세의 유아기를 꼽고 있고, 일단 학습된 언어 습관은 쉽게 변화시키기 어려운 점을 고려해 볼 때, 자타카는 이 시기 어린이의 바른 언어 습관을 형성시키는 데 도움을 줄 수 있는 동화로서의 역할을 할 수 있을 것이다.

한편 1단계에 이어 2단계는 아동이 보상을 받기 위해 규칙에 복종하지만, 때로는 자신의 바른 행동이 타인에게 이익이 될 수 있다는 것을 이해하는 단계이다. 따라서 협동, 책임, 보은(報恩), 용서 등의 덕목이 그 발달을 도울 수 있다고 본다. 2단계에 속하는 예로는 자타카 경 번호 20「노음촌의 전생」을 들 수 있다.

즉, 코살라국 호수에 귀신이 살고, 그 귀신은 목이 말라 호수에 들어오면 누구든지 잡아먹는다. 원숭이 왕은 부하를 이끌고 호수 근처에 가 바라밀(波羅蜜)을 염원하고 갈대를 끊어 속에 바람을 불자 갈대 속이 비어졌고, 그것을 빨대로 원숭이들은 물을 먹고 유유히 올라갔다.

그리고 이 때부터 호수 옆 갈대는 속이 비게 되었다는 이야기이다. 이 설화에서 바라밀을 염원했다는 것은 고통받는 중생 곁을 떠나지 않겠다는 서원을 하는 것으로 이타 정신의 발휘이다. 또한 원숭이 왕이 부하들을 살릴 책임을 다하고 있고 부하들 역시 질서를 지켜 왕과 함께 목숨을 구하게 된다.

또한 경 번호 371「장재구살라왕의 전생」은 타인을 용서하고 사랑의 보시를 강조하는 내용이다. 즉, 보시를 좋아하는 고오사라국의 장수왕이 이웃 나라 가아시 국왕에게 침략을 당해 나라를 내주고 떠돌다가, 장수왕 명성을 듣고 찾아온 가난한 바라문을 돕기 위해 자신의 목숨을 내주었다.

그의 아들 장생이 원수를 갚기 위해 가아시 국왕의 시중드는 자가 되어 기회를 노리던 차에 숲 속에서 피곤하여 그의 무릎을 베고 누워 있는 가아시 왕을 칼로 치려다 "원한을 원한으로 갚으면 끝이 없다. 사랑으로 이를 참으라"는 아버지의 유언을 생각, 가아시 왕에게 자신의 이야기를 하고, 결국 가아시 왕의 뉘우침을 얻어 공주를 왕비로 삼고 화평하게 되었다는 이야기이다.

이 설화는 보시를 강조하는 동시에 장생 태자로 하여금 심한 갈등을 겪은 끝에 증오의 충동을 극복하고 아버지의 유언을 기억하여 깨닫게 한 것은 궁극적으로 불교적 궁극의 해탈의 세계에 도달한 것이라고 말할 수 있다. 또한 악을 악으로 갚지 않고 용서할 때, 그 악이 소멸되고 선으로 향할 수 있다는 교훈을 주고 있다.

마지막으로 인습 수준에 속하는 발달 3단계는 타인과 조화를 이루며 인정받고 선을 지향하는 단계이다. 따라서 정의, 성실, 우정, 생명 존중, 효도, 희생 등의 덕목을 수행함으로써 좀 더 높은 단계로의 도덕적 발달로 향할 수 있다. 이러한 3단계의 예로는 자타카 경 번호 2「모랫길의 전생」을 들 수 있다.

즉, 한 대상이 오백 대의 우차에 물건을 가득 싣고 장사를 하기 위해 길을 떠났다. 어느 해 그는 직경 육십 유순이나 되는 사막을 지나가게 되었다. 그 곳은 대단히 힘든 사막으로 섶나무, 물, 기름, 양식을 싣고 밤에만 나아가야 하는 곳이다. 59유순을 지났을 때 사람들은 저녁을 먹고 남은 섶과 물을 모두 버려 짐을 가볍게 하고 별을 관찰한 후 전진했는데, 깜빡 잠든 사이 방향을 잘못 잡아 어제 그 자리로 다시 오게 되었다. 목이 타고 불볕의 더위로 모두 좌절할 때 대상은 이리저리 다니며 물을 찾아 다녔고 마침내 '길상초'를 발견, 그 밑을 파 내려갔다. 육십 주 이상 파 내려가 거의 모든 사람들이 다 지쳤을 때 설상가상으로 큰 바위에 부딪쳐 더 이상 파내려 갈 수 없었다.

　대상은 이에 좌절하지 않고 어린 동자와 함께 돌을 살펴 깨 내려가 결국 물을 구했다. 여러 사람들은 몹시 기뻐하며 물을 마시고, 목욕을 하고, 다시 목적지로 가 장사를 잘 하고 큰 부자가 되어 돌아왔다는 이야기이다.

　또한 옳고 그름을 용기 있게 밝혀 아동이 성인을 도와준 예로는 경 번호 449 「빛나는 귀고리의 전생」을 들 수 있다. 여기에서는 아들의 무덤에서 애통해 하는 장자를 위해 제석이 동자로 변신, 죽은 이를 그리워하며 슬퍼하는 것이 어리석은 일임을 게송을 통해 깨닫게 하고 있다.

　이 설화는 현실적으로 가능과 불가능을 명확하게 밝힌 것이지만, 설화의 저변에 깔린 아이디어는 지혜를 열게 하는 다분히 철학적인 인생관을 어린이 눈으로 포착하는 데 있다. 예를 들어, 생각이 깊은 어린이라면 언젠가 생각을 헤아려 본 적이 있는 정신의 세계를 암시 받을 수 있으므로 콜버그가 제시한 인습 이후 수준의 추상적인 윤리관으로의 바람직한 발달을 도울 수 있다고 본다.

　이상의 논의를 기초로 하여 볼 때, 동화로서의 자타카 65편은 성장기의 유아들에게 좋은 교훈과 더불어 환상의 세계에서 부여할 수 있는 즐거움과 기쁨을 함께 줌으로써 그들의 도덕적 발달에 보다 바람직한 기여를 할 수 있을 것으로 기대된다.

제5장

미래를 위한 제언

가치 규범은 과학적 인식으로만 파악되는 것이 아니라, 정신적 가치를 함께 부여하는 데서 올바르게 형성될 수 있다. 흔히 현대를 '가치관의 혼란' 또는 '가치관의 부재' 시대라고 한다. 이는 개인적 나아가 사회적으로 지향해야 할 바를 찾지 못하고 혼돈 속에서 표류하고 있는 것을 뜻한다 할 수 있다.

개인뿐만 아니라 사회의 가치 체계를 확립하는 일은 인간 관계에서 비롯되고 올바른 인간 관계는 초기 유아교육에서부터 이루어진다 할 수 있다. 유아교육은 일반적으로 유아가 독립적 통합적 개체로서 인간적 삶을 영위하면서 성장하고 발달하도록 조력하는 형식적 비형식적 교육과정의 총체라고 할 수 있다. 따라서 유아 교육의 정의적 사회적 및 인지적 영역의 목표는 타인에 대한 지각, 자아 개념, 감정의 표현과 관리, 자신과 환경에 대한 사고 유추 기억, 그리고 언어 발달 등에서 가장 바람직한 성인상을 설정하고 그런 이미지를 가진 개인으로 유아를 발달시키도록 기대하는 것이라고 생각한다.

유아교육 전반에서 가장 염두에 두어야 할 점은 유아들의 고유한 생각을 인정해주는 일이다. 특히 유아들이 주변 세계를 탐색하고, 언어를 획득하고, 끊임없이 자신을 다양한 모습으로 표현하는 것 등 그들이 보이는 모든 행위는 거의 창의적 활동으로서, 유아들의 창의성을 계발하기 위해서는 유아가 상상력을 사용하고 독특한 아이디어를 가지고 놀이할 수 있으며, 이것을 주변 세계에 반영할 수 있도록 하는 학습 환경이 필요하다. 동화는 이러한 학습 환경의 하나이다. 이것은 유아들이 가지는 호기심이 본질적인 동기가 되어 언어발달과 함께 유아들의 자발적 학습을 이끌어 낼 수 있을 것이다.

또 유아는 환경에 대하여 인과적인 설명을 성취하려는 경향을 가지고 있다. 이들의 인과관계 인지는 매우 불합리하지만 사물간의 관계나 현상간의 관계를 원인과 결과로서 인지하려는 초보적인 도식을 가지고 있는데, 동화는 그 주제에서 횡포, 거짓말, 약속의 파괴에 대해 경계하고 정직, 우정, 협동, 근면을 장려하는 권선징악, 견강부약의 법칙 등이 명확하게 제시되어 있어 유아로 하여금 어떤 행동의 인과를 분명히 통찰할 수 있게 해주고 있어 사회성 발달에 기여하는 것이다.

유아기에 좋은 동화가 필요한 또 다른 이유는 친사회적 행동의 자기 강화이다. 아론프레드(Aronfred)에 의하면, 유아는 다른 사람을 행복하게 만들어 주거나 그들을 어려움에서 구제해주는 행동이 자신에게 유쾌하다는 것을 배우게 됨으로써 친사회적 행동이 자기 강화적으로 된다고 하였다. 따라서 동화를 통한 긍정적인 감정의 경험은 유아가 이야기에서 제시하고 있는 친사회적 행동을 내면화하는 데 기여하게 된다. 때문에 동화가 갖는 특성은 유아 인성의 고유한 면과 맞물려 보다 효율적으로 유아 발달에 영향을 미칠 수 있다.

이와 같이 동화가 지니는 특성들은 유아발달에 다양하게 기여하고 있으므로, 유아기에 좋은 동화를 선택하는 것은 대단히 중요하다. 그러나 지금까지 우리 나라 어린이들에게 세계 여러 나라 고전과 동화는 다양하게 소개되었지만 정작 한국문화의 배경에 큰 일익을 담당하고 있는 불전설화는 제대로 소개되지 못했다. 한국 문화적 배경상 불교 및 유교 사상이 깃들어 있으며, 실제로 한국 전래동화의 상당한 부분이 불전설화의 영향을 받고 있다. 그럼에도 불구하고 불전설화의 정수(精髓)라 할 수 있는 자타카에 대한 연구 및 동화로서의 조명은 극히 미진한 편이다.

이에 저자는 동화로서 자타카가 유아발달에 보다 긍정적이고 바람직하게 기여할 수 있는가를 심도 있게 고찰한 결과 다음과 같은 결론을 얻을 수 있었다.

대부분의 불전설화는 불교교리의 이해를 돕고자 설해진 것으로 이 가운데 특히 본생설화인 자타카는 부처님 전생담을 불타가 직접 얘기하는 가운데 지혜, 인과관계, 의지에 찬 행동, 보살행을 통한 구제 서원 등을 강조하면서 무한한 변환의 장면을 펼치고 있다.

자타카의 내용은 초월적인 존재, 동물, 인간으로 변신한 주인공으로부터 전개되며, 주인공과 대립 입장에서 선·악인이나 악한 동물과 얽혀 악인의 무리가 멸망하는 교훈적이고 교육적인 특성을 지닌다. 설사 선한 무리가 악한 무리와 함께 희생이 되더라도 반드시 보를 받게 마련이고, 또 그 선의 주인공은 불타의 전신임을 일깨워 주고 있다. 자타카는 이야기 밑바탕에 동심을 깔고 선을 향해 나아가는 고정된 관념을 타파, 그 전개와 방편에 환상, 변환, 예측, 갈등 등으로 인간이 나아가야 할 길을 제시하고 있는데, 그 본질적인 성격으로 볼 때 동화로서의 특성을 분명히 갖추고 있다.

또한 동화의 연원적(淵源的)인 면에서 볼 때에도 자타카는 유럽을 비롯한 중국, 한국 등의 전래 동화의 기저를 이루고 있었고, 이를 기반으로 하여 각 나라의 문화와 전통에 맞게 재화 작업이 이루어지고 있음을 확인했다.

이러한 자타카가 지닌 특성을 바탕으로 불교 및 유아교육 전문가에게 의뢰, 자타카 547편 중 유아교육적으로 가치가 있다고 판단된 65편을 중심으로 교육적 내용 분석을 한 결과, 자타카는 대부분 전래 동화가 지니고 있는 도덕성의 주제 즉 인과응보, 인내, 지혜, 이타적인 행동 등으로 이루어져 있었다. 유아들은 이러한 주제의 내용을 읽거나 들으면서 주인공과 동일시를 함으로써 친 사회적인 도덕성을 기를 수 있을 것이다.

특히 도덕적 품성의 형성에 있어서 결정적 시기가 유아기 내지 늦어도 아동 전기 이전이라는 이론, 실험 등을 주목할 때 종교적 훈련을 통하여 정당한 행동을 함으로써 얻는 순수한 만족을 누릴 수 있는 영감을 얻는 것은 건전한 도덕적 성장을 하기 위해 기본적으로 중요한 요인으로 작용한다.

따라서 자타카에서 보살이라는 이름의 불타의 본생신(本生身) 그리고 그에 관한 실천으로서의 자비행(慈悲行), 또한 선을 행하지만 그 대가는 자신이 아닌 타인에게 돌리는 이타보시행은 일반적 입장에서는 극단적인 모습이라고 느낄 만큼 모범이 되는 모습으로서 보다 높은 도덕적 품성을 함양하는 한 방법으로써 기여할 수 있다고 본다.

또 자타카에 등장하는 인물 유형을 분석해 본 결과, 인간이 가장 많이 등장했으며 그 중 성인이 등장하는 빈도가 가장 높았다. 반면에 아동의 등장은 다섯 명에 불과했지만, 그 중 네 명의 아동은 모두 성인을 능가하는 힘을 지니고 있었다. 이는 비록 어리지만 아동 역시 불성을 지녔기에 나이가 적고 많음을 막론하고 자신의 의지와 창의성 개발로 깨달음의 세계로 들어갈 수 있다는 불교 인간관의 반영으로 현대 아동학에서 지향하는 사상과 맞물려 시사하는 바가 크다 하겠다.

한편 의인화된 동물은 작품이 아닌 우화적인 요소로서 이는 발달상의 유아들에게 동물에 대한 다양한 경험을 줄 수 있을 뿐 아니라, 환타지 요소로서 유아들에게 동물사람 나아가 상상과 변환의 창의적 사고를 형성하는데 도움을 줄 수 있다.

그리고 초월적 신비의 존재로 천상 세계를 주재하는 제석(帝釋)은 불타가 되기 위한 보살행으로 다른 사람을 도와주고 악과 싸우며 선행을 펴는 존재로 부각되고 있다. 특히 대부분의 전래동화에서 착한 주인공은 절대자의 원조나 신비한 물건으로 승천하는데 비해, 자타카에서는 현세에 선행을 한 주인공에게 제석이 원조해 주나, 궁극적인 승천은 자신의 행위의 결과로 규정짓고 있다. 이러한 초월적인 존재보다 인간의 의지를 더 강조한 자타카의 내용은 유아로 하여금 이와 같은 인물 유형을 통해 절대자 혹은 신비한 물건에 의지하기보다 자신의 의지로써 삶을 개척하며, 나아가 중생 모두를 사랑하는 마음을 지닐 수 있다고 본다.

또 저자는 자타카의 사건 분석을 통해 내용 저변에는 이타 정신, 인내 그리고 자비 정신이 흐르고 있었으며, 허욕과 비도덕을 내세워 정의가 이기는 도덕·윤리성이 강조되고 있음을 알 수 있었다. 이들 사건들을 통해 주제에서 제시한 항목이 자타카 전체에 면면히 흐르고 있으며 유아 발달에 동화가 기여하는 바를 65편 모두에서 얻을 수 있음을 재확인할 수 있었다.

이러한 과정을 통해 저자는 다음과 같이 자타카가 가지는 유아교육적 의의를 도출했다.

첫째, 문학이 주는 대리 경험 또는 간접 경험을 통한 문학적 체험의 의의이다.

둘째, 자타카에 나타난 신비적, 초현실적 그리고 우화적 표현은 유아들을 상상의 세계로 인도할 것이며, 이러한 환타지적 요소들은 유아들에게 아름다움, 즐거움, 그리고 자신의 감정이입으로 풍요로운 정신 생활을 가능하게 하도록 도와주는 상상력 발달의 의의이다.

셋째, 불교에서는 지혜를 깨달음을 얻는 데 가장 중요한 것으로 보고 있다. 따라서 자타카에 등장하는 대상들은 지혜로써 위기를 극복하기도 하고, 다분히 철학적인 인생관을 어린이 눈으로 포착하여 헤아려 보기도 한다. 예컨대 절묘한 지혜를 발휘하여 보다 바람직한 삶을 가능하게 하는 지혜 발달의 의의이다.

넷째, 대부분 자타카에는 그 전반적 배경에 끈기 있는 행동이 깔려 있다. 그것은 불교의 세계관, 인간관의 영향으로 자타카를 통해 유아들은 자신의 의지와 노력, 그리고 인내와 자제력으로 위험이나 실패, 그리고 고난을 극복하여 행복을 이룰 수 있다는 확신과 믿음을 기를 수 있다고 보는 인내 및 자제력 발달의 의의이다.

다섯째, 자타카 저변에 깔려 있는 업사상을 통한 권선징악의 형태는 자타가 함께 선을 이루는 진정한 자비, 그리고 유아에게 진리와 정의에 대한 신뢰를 북돋워 줄 수 있는 도덕성 발달의 의의이다.

최근 민족적 주체 의식의 발로와 더불어 다음 세대에게 우리의 것, 우리의 문화를 찾아 주자는 취지에서 전래 동화의 발굴과 편집 및 출판이 활발히 이루어지고 있다. 특히 1985년 이후 3~4년간의 전래동화집 출판은 그 이전까지의 총 출판수를 능가할 정도로 급증하고 있다.

따라서 한국의 문화적 배경이 되어 온 불전설화 중 자타카에 대한 연구를 진행하는 것은 한국 전래동화의 폭을 한국 문화의 배경이 되는 불전설화에까지 한층 확장시킬 수 있으며, 또한 불전 설화의 내용이 우리 나라의 민담이나 옛날 이야기와 그 맥락을 같이 하고 있음을 볼 때 이를 좀 더 체계화함으로써 유아들에게 한국인의 정서 및 가치관을 함양, 심화시켜 나갈 수 있을 것이다. 보다 실제적으로는 자타카를 교육적 측면에서 조명, 소개하여 유아를 위한 불교 교육용 교재 및 부교재 기초자료를 확보하는 데 활용될 수 있을 것이다.

마지막으로 저자는 본인 연구의 한계를 재인식함으로써 추후 연구가 지향해야 할 방향에 대해 몇 가지 제언하고자 한다.

첫째는 선행 연구자료의 빈곤을 들 수 있다. 불교문학 또는 불교설화에 대한 문학적 입장에서의 연구는 다소 있었지만, 불전설화와 유아교육과의 관련성을 조명한 연구는 거의 찾을 수가 없었다. 이러한 점을 감안할 때 뜻있는 종교 교육가들의 많은 참여가 필요한 실정이다. 불교 아동문학의 주된 독자인 아동은 인지적 측면에서 아직 미망(迷妄)의 단계에 있으므로, 불성을 자각하는 깨달음으로 인해 장차 참된 종교인, 나아가 건전한 한국인으로 성장하게 된다면 이러한 작업의 당위성이 다소 규명되리라 여겨진다.

둘째, 향후 이 연구 결과를 유아교육에 실제적으로 활용하기 위해서는 자타카를 동화로 재화하는 작업이 우선 이루어져야 할 것이다. 물론 지금까지 다소 부분적으로 자타카의 재화작업이 이루어진 경우도 있으나, 그것은 경전을 있는 그대로 번역하거나 일본의 정서나 문화에 맞게 재화한 것을 우리말로 번역하는 정도에 그친 것이 사실이다. 그러나 유아교육은 각 국가, 그리고 사회의 전통, 가족 제도, 양육 태도에 따라 크게 달라지는 것이다. 따라서 가장 한국적인 것이 가장 세계적인 것임을 감안하여 한국인의 풍습 및 전통에 적합한 자타카의 재화작업이 시급히 이루어져야 할 것이다. 덧붙여 올바른 재화는 원전 속의 정신을 재창조해야만 생명력이 있어 흥미와 공감을 불러일으킬 수 있다는 사실을 항상 명심해야 할 것이다.

셋째, 동화화된 자타카를 실제 유아교육 기관에서 활동하면서 이것의 교육적 효과를 현실적으로 측정하는 연구가 이루어져야 한다. 모든 가능성의 탐색은 항상 현실적인 적용을 그 목표로 한다. 이러한 연구가 많이 진행되어야만 그 기초 자료로서 이 연구의 의의가 십분 살 것이라 생각한다.

1. 經典 論書類

雜阿含經 卷第十三 (高麗大藏經 18).
中阿含經 卷第三 (高麗大藏經 17).
中阿含經 卷第三十二 (高麗大藏經 18).
摩訶般若波羅蜜經 卷第十一 (高麗大藏經 5).
한글대장경(1988), 本生經 卷1-5, 서울:東國譯經院.
南傳大藏經(1935-1950), 卷28-39, 東京:大正新修大藏經刊行會.
阿毘達磨俱舍論 卷第十三(高麗大藏經 27).
Cowell,E.B.(1981), The Jātaka Vol.I-VI, London:The Pali Text Society.
Fausböll, V.(1962), The Jātaka together with its commentary Vol.I-VI, London:The Pali Text Society.

2. 국내 논문 및 저서

강어수(1990), 동화에 나타난 어머니-자녀관계분석, 이화여대 석사학위논문.
강인언, 김영숙(1988), 유아문학교육, 서울:양서원.

권은주(1989), 불교가 한국 전통 아동교육에 미친 영향, 숙명여대 석사학위논문.
　　　　(1992), 불교전래동화를 통해 본 불교유아교육에 대한 소고, 가산 이지관 스님 화갑기념논총〈한국불교문화사상사〉.
　　　　(1994). 불전설화의 유아교육적 가치 탐색-자타카를 중심으로-. 숙명여대 박사학위논문
권혁내(1985), 아동의 도덕성 발달과 가정교육, 춘천교대 논문집 25, 춘천교육대학교.
김광순(1978),경북민담,대구:형설출판사.
김동화(1974), 대승불교사상, 불교사상대전 3, 서울:불교사상사.
　　　　(1954), 불교학개론, 서울:보련각.
김경중(1989), 동화의 본질적 특성, 아동문학평론, 6월호.
　　　　(1990), 동화가 지니는 심리학적 의미, 중앙대학교 석사학위논문.
김기창(1987), 동화교육론, 한국국어교육연구회, 국어교육, 61권.
김세희(1991), 아시아 전래동화의 분석, 이화여대 석사학위논문.
김시태(1986), 문학의 이해, 서울:이우출판사.
김옥련(1991), 동화를 통한 아동의 친사회적 행동에 미치는 영향, 원광대학교 석사 학위논문.
김요섭 편,「문학교육의 건설」, 아동문학사상 5, 서울:보진제.
김용환(1986), 종교현상의 이해, 안양:나무.
김운학(1981), 불교문학의 이론, 서울:일지사.
김잉석(1988), 불타와 불교문학, 한국불교문학연구(상), 서울:동국대학출판부.
김재은(1984). 유아의 발달심리, 서울:창지사.
김호권(1976), 도덕성의 발달과 교육, 정원식 편, 지력과 정의의 교육, 서울:배영사.
　　　　동아대백과사전 제14권(1986), 서울:동아출판사.

민명자(1977), 한국 현대 동화의 교육심리 연구, 중앙대학교 석사학
위논문.
박선영(1981), 불교의 교육사상, 서울: 동화출판사.
박인실(1989), 전래동화의 서술적 특성 분석, 이화여대 석사학위논문.
박화목(1989), 아동문학개론, 서울:민문고.
불교학대사전편집위원회(1988), 불교학대사전, 서울:홍법원.
선봉연, 이순화(1983), 발달심리학, 서울: 중앙적성출판사.
세계철학대사전(1992), 서울:고려출판사.
손동인(1972), 소야도(소야도)의 전래동화, 기전문화연구 제 1집,
인천:기전문화연구소.
　　(1984), 한국전래동화연구, 서울:정음문화사.
손동인, 정동화(1988), 구비문학의 교육적 활용에 관한 연구-특히 민
요, 전래동화를 중심으로-, 인천교대논문집.
손진태(1981), 한국민족문화연구, 손진태선생전집 2, 서울:태학사.
여영택(1964), "전래동화의 연구", 국어국문학 제27호, 서울:국어국
문학회.
鈴木學術財團(1986), 梵和大辭典, 東京:講談社.
원의범(1977), 인도철학사상, 서울:집문당.
유안진(1984), 유아교육론, 서울:창지사.
　　(1987), 인간발달신강, 서울:문음사.
윤주익(1986), 생녕과학과 불교, 불교학보 제23집, 불교문화연구법,
동국대학교.
윤호진(1992), 무아·윤회문제의 연구, 서울:민족사.
이강수(1989), 도덕성 발달이론과 도덕교육, 동의대학교 동의논총, 16.
이경우, 이은화, 정락실, 문미옥(1990), 도덕교육연구, 이화여자대학
교 사범대학 동서교육연구소.
이돈희(1986), 도덕교육원론, 서울: 교육과학사.

이상금, 장영희(1986), 유아문학론, 서울:교문사.
이성진, 허형(1983), 국가발전과 어린이, 서울:배영사.
이명섭(1985), 세계문학비평용어사전, 서울:을유문화사.
이연섭, 강문희(1987), 유아의 언어교육, 서울: 창지사.
이영석, 박재환, 김경중(1989), 유아교육학개론, 서울:양서원.
이원규(1987), 종교와 통합기능, 그리스도교 철학연구소 편, 현대사
  회와 종교, 서울:서광사.
이윤자(1977), 현대 동화에 미친 신화 및 전래동화의 영향 1, 교육평
  론 3월호.
이재연(1993), 아동발달, 서울:문음사.
이재철(1983), 아동문학의 이론, 서울:형설출판사.
  (1983), 아동문학개론, 서울:서문당.
이연섭 강문희(1987), 유아의 언어교육, 서울:창지사.
이종익(1985), 불교사상개론, 서울:보련각.
인권환, 불전설화의 토착화와 한국적 변용, 문화비평, 1(3).
임종숙(1975), 어머니의 독단적 사고와 자녀의 도덕적 판단 능력에
관한 연구, 이화여자대학교 교육대학원 석사학위 논문.
임희경(1992), 명작동화의 매력, 서울:교문사.
장덕순, 조동일, 서대석, 조희웅(1971), 구비문학개설, 서울:일조각.
정대련(1989), 한국 전래동화의 윤리학적 탐구, 이화여대 박사학위논문.
정승석(1991), 불전해설사전, 서울:민족사.
정판룡 외(1989), 세계문학사(상), 서울:세계.
조복희, 정옥분, 유가효(1992), 인간발달 - 발달심리적 접근-,
  서울:교문사.
조용길(1986), 초기불교의 업설에 관한 연구, 동국대학교 박사학위논문.
주명희(1983), 민담의 동화적 변용, 한성어문학 2권, 한성대학교.
최운식, 김기창(1988), 전래동화 교육론, 서울:집문당.

한국구비문학대계(1980), 성남:한국정신문화연구원.
한국행동과학연구소 편(1983), 한국아동의 도덕성 발달실태와 도덕교육 방향 정립을 위한 연구, 문교부.
한정섭(1991), 불교설화문학연구, 서울:법륜사.
_____(1991), 설화대사전, 서울: 이화문화사.
황경순(1986), 전래동화에 대한 고찰, 국어교육논지 12, 대구:대구교대 국어교육연구회.
H.M.윌쉬(1980), 유아를 위한 사회교육, 이경우, 서영숙 역, 서울: 교문사.
이형기 외(1991), 불교문학이란 무엇인가, 서울:동화출판공사.
佐佐木敎悟 外 저, 권오민 역(1985), 인도불교사, 서울:경서원.
테리 이글턴 저, 김명환외 역(1986), 문학이론입문, 서울:창지사.
L. H. Smith(1953),「아동문학론」, 김요섭 역(1966), 서울:교육과학사.
Rupp, A. 저, 김중순 역(1988), 종교현상을 어떻게 이해할 것인가, 대구:계명대학교 출판부.
그림형제 편, 김창활 역, 독일민담설화집, (1975), 서울: 을유문화사.
김창활 역, 이솝우화집(1975), 서울:을유문화사.
존 메이시 저, 박준황 역(1981), 세계문학사, 서울:종로서적.
Crain, W. C. 저, 서봉연 역(1983), 발달의 이론, 서울:중앙적성출판사.
석지헌 역(1986), 인도민화집 I, 서울:샘터출판사.
버트란트 러셀 저, 이재황 역(1987), 종교는 필요한가, 서울:범우사.
水野弘元(1968), パーリ語辭典, 東京:春秋社.
스미스 톰슨 저, 윤승준 최광식 역(1992), 설화학원론, 서울:계명출판사.
Miller, J. H. 문학과 종교, Thorpe, J. 편, 이경식 김영철 역(1986), 서울:숭실대학교.
中村元(1981), 佛敎語大辭典, 東京:東京書籍.

中華百科全書 第二冊(1981), 臺北:中國文化大學出版部.
Puligandla, R. 저, 이지수 역(1991), 인도철학, 서울:민족사.
平川彰 저, 이호근 역(1989), 인도불교의 역사(상), 서울:민족사.
平川彰 外 편, 정승석 역(1984), 대승불교개설, 서울:김영사.
上山春平 櫻部建 著, 정호영 역(1989), 아비달마의 철학, 서울:민족사.
메도우 M.G. & 카호 R.D. 저, 최준식 역(1992), 종교심리학 (상), 서울:민족사.
Franz, M. L. 저, 홍성화 역(1986), 동화심리학, 서울:교육과학사.
Davis,Rhys and Stede(1979), Pali-English Dictionary,
　　London:The Pali Text Society.
Williams,Monier(1979), A Sanskrit-English Dictionary, London:Oxford Univ. Press.

3. 외국 논문 및 저널

干潟龍祥(1961), ジャータカ概觀, 東京:鈴木學術財團.
木村泰賢・平等通昭(1930), 佛教文學の研究, 東京:岩波書店.
武石彰夫・菅沼晃 編(1980), 佛教文學辭典, 東京堂出版.
山崎昭見(1971), 佛教の持つ教育的課題, 日本佛教會編, 佛教と教育の
　　諸問題, 京都: 平樂寺書店.
山本節(1979), 昔話教材について, 日本昔話學會 編, 昔話と教育,
　　東京:平樂寺書店.
小林一郎(1928), 佛陀の教, 東京:大雄閣.
小野玄妙(1925), 佛教文學槪論, 東京:甲子社書房.
水野弘元(1956), 原始佛教, 京都:平樂寺書店.
深浦正文(1929), 佛教文學物語, 東京:東林書房.

岩本 裕(1978), 佛教說話の源流と展開, 東京:開明書院.
羽溪了諦(1936), 佛教教育學, 東京:大東出版社.
宇井伯壽(1962), 佛教汎論, 東京:岩波書店 .
雲井昭善(1967), 佛教興起時代の思想研究, 京都:平樂寺書店.
印順(1986), 原始佛敎聖典之集成, 臺北:正聞出版社.
姉崎正治(1910), 根本佛敎, 東京:博文館.
赤沼智善(1939), 原始佛敎之硏究, 名古屋: 破塵閣書房.
　　　　(1941), 佛敎經典史論, 京都:法藏館.
前田惠學(1964), 原始佛敎聖典の成立史硏究, 山喜房佛書林.
井上敎順(1954), ヂヤータカにおける生天倫理の性格について, 印度
　　　學佛敎學硏究, 第2卷 2號.
舟橋一哉(1952), 原始佛敎思想の硏究, 京都:法藏館.
中野義照 譯(1923), 印度佛敎文學史, 東京:丙午出版社.
中村 元(1970), 原始佛敎の思想(上), 東京:春秋社.
湯田豊(1978), インド哲學の諸問題, 東京:大東出版社.
平川彰(1964), 原始佛敎の硏究, 東京:春秋社.
　　　　(1977), 佛敎通史, 東京:春秋社.
　　　　(1984), 佛敎硏究入門, 東京:大藏出版.
河合準雄(1987), 子どもの宇宙, 岩波新書 386, 東京:岩波書店.
花岡大學(1984), 花岡大學佛典童話新作集 全3卷, 京都:法藏館.
Arbuthnot. M. H.(1981), children and books, Chicago:Scott, Foresman & Co.
Bahadur Mal, M.A.(1958),The Religion of The Buddha, Hoshiarpur: Vishveshvaranand Vedic Research Institute.
Bandura, A.,(1969), Social Learning to Moral Judgement, Journal of Personality and Social Psychology., Vol. II,

No.3.

Beariason,D.J.& Cassel,T.Z.(1975),Cognitive Decentration and social codes:communicative effectiveness un young children from differing family contexts, *Developmental Psychology, 11*, 29-36.

Beaty,J.J.(1992),Skills for Preschool Teachers 4ed.,N.Y.: Macmillan Publishing Company.

Bettelheim, B.(1977), The Uses of enchantment : The meaning and importance of fairy tales, New York : Alfred A.Knoff.

Cherry C.(1976), Creative Play for the Developing child,Beltmore: Fearon Pitman Publishers Inc.

Condry, j., & Koslowski.(1979), Can education be made intrinsically interesting to children, In Katz,L.G. *Current Topics in Early Childhood Education*, Norwood,N.J.: Ablex Publishing Corporation.

Damon, W.(1980), Structural-Developmental Theory and the Study of Moral Development, Moral Development and Socialization, Boston; Allyn and Bacon, Inc.

Day, B.(1988), Early Childhood Education:Creative Learning Activity, N.Y.: Macmilian Publishing Company.

Deci,E.L., & Ryan, R. M.(1982), Curiosity and self-directed learning :the role of motivation in education, In L.G. Katz, *Current Topics in Early Childhood education*, V4, Norwood N.J.:Ablex Publishing Corporation.

Dewey,J.(1992), Human nature and conduct, New York: Herny Holt and Company.

Eisenberg, N., & Miller, P. A.(1987), Empathy, sympathy and Altruism:empirical and conceptual links, In N. Eigenberg & J. Strye, *Empathy and its development*, N.Y.:Cambridge University Press.

Freud, S.,(1930), Civilization and It's Discounts, Garden City, New York;Doubleday.

Hendrick, J.(1984), The Whole Child, St.Louis:Times Mirror/Mosby.

Hoffman,M.L.(1987), The contribution of empathy to justice and moral judgement, In N. Eisenberg & J.Straye(eds.), *Empathy and its development*, N.Y.:Cambridge University Press.

Kohlberg, L.(1964). Development of Moral Character and Moral Ideology, In Hoffman, M.L.& Hoffman, L.W., Review of Child Development Research, Vol. I , N.Y., Russel Sage Foundation.

(1969). Stage and sequence:the cognitive-developmental approach to socialization, In D. A. Goslin (ed.), *Handbook of socialization theory and research*, Chicago:Rand McNally.

Kuhn,D,. & Phelps, M.(1976), The development of children's comprehension of causal direction, *Child Development, 47.*

Lukens, R. J.(1976), A critical Handbook of children's literature(2nd), Scott, Foresman and Company.

National Association for the Education of Young Children(1992), Guidelines for Appropriate Curriculum

Content and Assessment in Programs Serving Children Ages 3 Through 8, In K. M. Paciorek & J. H. Munro, *Early Childhood Education(3eds)*, Guiford, Connec:The Dushkin Publishing Group,Inc.

Perry, D. G., & Bussy, K.(1984), Social Development, Engliwood Cliffs, N.J.: Prentice-hall,Inc.

Prebish,C.S.(1975), Buddhism:A Modern Perspective, The Pennsylvania State Uni versity Press.

Robertt, H, and John, U.,(1975), Moral Education in Theory and Practice. N.Y. Prometheus Books.

Sangharakshita, B.(1957), A Survey of Buddhism, Boulder:Shambhala Publications Inc.

Smith, J. A.(1966), Setting Conditions for Creative Teaching in the Elementary school, Boston:Allyn & Bacon,Inc.

Spitz, E. H.(1988), Picturing the child's inner world of fantasy, In a. J. Solnit., P. B. Neubauer., S. Abrams., & A. ScottDowling, *The Psychoanalytic Study of the Child*, New haven:Yale University Press.

Spodek, B., Saracho,O., & Davis, M.(1987), Foundations of Early Childhood Education, Englewood Cliffs:N.J.,Pretice-Hall,Inc.

Spradley,J . P.(1979), The Ethnographic interview, N.Y.:Holt, Renehart, Winston.

Taylor, B. J.(1978), A Child goes forth:a curriculum guide for teachers of preschool children, Brigham Young University Press.

Tompson S.(1946), The Folktale, N.Y.:Holt, Rinehart and

Winston.

Tompson.S(1955), Motif-Index of folk literature, Bloomingston: Indiana University Press.

Turiel, E.(1980), The Development of Social-Conventional and Moral Concept, Moral Development and Socialization, Boston, Allyn and Bacon, Inc.

Windmiller, M.(1980), Introduction, Moral Development and Socialization, Boston: Allyn and Bacon, Inc.

불전설화와 유아교육

1996년 8월 1일 초판 인쇄
1996년 8월 5일 초판 발행

지은이/권은주(대원)
펴낸이/고병완
펴낸곳/불광출판부

138 · 190 서울 송파구 석촌동 160-1(불광교육원)
대표전화 420 · 3200
편집부 420 · 3300
팩시밀리 420 · 3400

등록번호 제1-183호(1979. 10. 10)
ISBN 89-7479-519-1

지은이와의 협약에 따라 인지 생략.
잘못된 책은 바꾸어 드립니다.
값 6,000원